Eberhard Mühlan

WIR HALTEN ZUSAMMEN!

Eberhard Mühlan

Wir halten zusammen!

Schulte & Gerth

Best.-Nr. 15 082
ISBN 3-89437-082-3
1. Auflage 1987
2. Auflage Februar 1988
3. Auflage August 1988
4. Auflage 1989
5. Auflage 1990
6. Auflage 1991
7. Auflage 1993
Umschlaggestaltung: Herybert Kassühlke
Satz: Typostudio Rückert & Schmidt
Druck und Verarbeitung: Ebner Ulm
Printed in Germany

Inhaltsverzeichnis

Einführung

Wir halten zusammen!

Welches Paar hat nicht mit diesem festen Vorsatz zuversichtlich den Weg in das Abenteuer „Ehe“ beschritten?

Aber wieviele Paare werden es schaffen, glücklich miteinander alt zu werden?

Die nüchternen Zahlen der Ehescheidungsstatistiken erschrecken manchen Idealisten: nahezu jede dritte Ehe endet vor dem Scheidungsrichter, und der Trend nimmt in beängstigendem Maße zu.

Wieviel Elend muß sich hinter dieser Zahl, überhaupt hinter vielen Ehen verbergen! Jeder dritte Start in ein lebenslanges Glück zu zweit scheitert! Und wie ist es mit den verflogenen Träumen und Sehnsüchten derer, die sich resigniert mit ihrem traurigen Eheschicksal abgefunden haben und dumpf oder aggressiv nebeneinanderher leben?

Ein kräftiger Schuß Romantik und ein guter Wille reichen offensichtlich nicht aus, um eine Lebensgemeinschaft aufzubauen. Heiratswillige Menschen brauchen eine gründliche Vorbereitung auf die Ehe und dann eine Strategie, wie sie die anfängliche Wertschätzung und Liebe aufrechterhalten können.

Mit diesem Anliegen soll sich dieses Buch befassen.

Ich will jedoch nicht selbst über die Ehe schreiben, sondern betroffene Ehepaare zu Wort kommen lassen – Normalbürger, wie sie überall anzutreffen sind. Ich möchte den Alltag schildern, wie er sich millionenfach hinter den Wohnungstüren der Mietburgen und in schmucken Vorstadthäusern abspielt.

Als ich den verschiedenen Paaren mein Anliegen vortrug, war ihre Reaktion: „Eberhard, wenn wir mit unseren Erfahrungen tatsächlich anderen helfen können, Fehler zu vermeiden, dann sind wir bereit auszupacken!“

Das haben sie getan, zum Teil schonungslos offen: „Wir wollen andere ermutigen, es – wie wir – noch einmal miteinander zu versuchen und nicht zu schnell aufzugeben!"

Ich bin sicher, daß Sie sich mit diesem oder jenem Paar identifizieren können. Da ist ein Friedemann, der nicht zum Standesamt wollte und permanent nach einer Traumfrau Ausschau hielt. Da ist ein Wolfgang, der seine Sexualität nicht in den Griff bekam, eine Harriet, deren seelische Verletzungen aus der Vergangenheit sie zu einer aufrichtigen Hingabe unfähig machten, eine Jutta, die sich vor dem Älterwerden mit ihrem Mann fürchtete. Rainer fand sich für nur *eine* Frau zu schade, aber seine Elke verstand es, erfolgreich zu kämpfen, um wieder den ersten Platz in seinem Herzen einzunehmen. Ein Dieter lernte es, auch dann noch Liebe zu geben, als er nichts Liebenswürdiges mehr vorfand, und und und ...

Es werden zum Teil erschütternde Szenen geschildert. Kopfschüttelnd werden Sie sich fragen: wie können sich Menschen nur so etwas antun? Das Ausmaß an Schmerz und Leid wird Ihnen unter die Haut gehen. Aber nicht nur das! Manchmal werden Sie es kaum glauben wollen, daß solche Paare wieder zu einer aufrichtigen Wertschätzung und Liebe gefunden haben und jetzt tatsächlich ein harmonisches Familienleben führen.

Ich weiß nicht, wie Sie persönlich über den christlichen Glauben denken, aber es wird Ihnen nicht entgehen, daß die meisten der Paare tatsächlich auseinandergegangen wären, wenn sie nicht zu einer persönlichen Beziehung zu Jesus Christus gefunden hätten.

Da, wo weltliche Eheberater die Schultern zucken und meinen, hier gäbe es nichts mehr zu kitten, können solche Ehepartner, die ihren Halt und ihre Hilfe von Gott erwarten, noch Hoffnung schöpfen.

Die Paare dieses Buches haben es alle geschafft, ihre Ehen zu retten. Ich bin mir bewußt, daß es viele aufrichtig versuchen und dennoch scheitern. Zu einem Neuanfang in einer

Ehe gehören nun einmal zwei, die willig sind. Mag einer absolut nicht, kann der andere nicht zum Ziel kommen. Das ist eine traurige Tatsache. Wie kann man einem desillusionierten und verletzten Menschen wieder Mut machen?

Gescheiterte Ehen kennen Sie bestimmt zur Genüge. Diese „Erfolgsberichte" sollen Sie ermutigen, für Ihre eventuell ausweglose Situation Hoffnung zu schöpfen. Und wenn Ihr Eheleben gesund und harmonisch verläuft, dann lassen Sie sich die Schilderung dieser Schicksale zur Warnung dienen, niemals die Voraussetzungen für solch ein Leid zuzulassen.

Noch einmal: hier handelt es sich um Menschen zum Anfassen. Stehen Sie in einer ähnlichen Problematik, dann dürfen Sie mit diesen Paaren Kontakt aufnehmen. Schreiben Sie ihnen! Der Verlag wird Ihren Brief weiterleiten. Aber erwarten Sie keine perfekte Eheberatung. Es sind keine Fachleute. Allerdings haben diese Paare Konflikte erfolgreich durchgestanden, in denen Sie vielleicht jetzt noch stecken oder von denen Sie sich bedroht fühlen, und dazu können sie etwas sagen. Menschen, die selbst Probleme kennen und bewältigt haben, können oftmals hilfreichere Ratschläge geben als solche, bei denen alles glatt läuft. Sie sind die verständnisvolleren Berater!

Im Anhang des Buches finden Sie darüber hinaus eine Liste verschiedener christlicher Werke, die Seminare und Freizeiten zu den Themen Ehe, Familie und Kindererziehung anbieten. Eine gute Gelegenheit, Gleichgesinnte kennenzulernen und gemeinsam an diesen wichtigen Fragen zu arbeiten.

Beim Lesen der Berichte werden Sie auf viele lebensnahe Ratschläge stoßen, wie Sie möglichen Eheproblemen von vornherein aus dem Weg gehen können. Im letzten Teil des Buches will ich diese aufgreifen, die Fehler und Lernschritte der Paare auswerten und eine positive Strategie entwickeln, wie Sie zusammenhalten können – nicht nur, solange es gutgeht, sondern in guten wie in schweren Tagen: bis der Tod Euch scheidet!

Auf der Suche nach der „Traumfrau“

Wo ich früher gesagt habe: „Mit dieser Frau will ich nicht mehr leben“, sage ich heute: „Herr, ich bin dir dankbar, daß du mir gerade diese Frau gegeben hast. Ich brauche sie, und wir bleiben zusammen, bis der Tod uns scheidet!“ Jesus hat unsere Ehe in einer Weise geheilt, wie ich es allein nie geschafft hätte.

Friedemann und Anne Grabs

Friedemann, 37 Jahre, Kriminalbeamter

Anne, 39 Jahre, Einzelhandelskauffrau, jetzt Mutter und Hausfrau

ein Kind, 10 Jahre

Friedemann:
„Mann, alle anderen haben eine Freundin. Bei denen klappt's. Nur ich hocke hier allein auf meiner Bude und versauere!"

Wieder einmal lümmelte ich nach Feierabend am Fenster herum und schaute sehnsüchtig den Pärchen nach, die händchenhaltend die Straße entlangschlenderten.

Mit Mädchen hatte ich bisher wenig Glück gehabt. Nach der Schule ging ich gleich zur Polizei; 17 Jahre alt, behütete Kindheit, aufgewachsen in einer intakten Familie. Und dann drei Jahre kasernierte Gemeinschaft in einer Polizeischule und bei der Bereitschaftspolizei.

Alkohol kannte ich von zu Hause kaum, Rauchen schon gar nicht. Doch als ich die Kaserne verließ, war ich Experte in beidem. Jeder meiner Kameraden schien außerdem die tollsten Erfahrungen mit Mädchen gemacht zu haben. Als ich dahinterkam, daß sich die anderen ihre Liebesabenteuer auch nur aus den Fingern saugten, um mithalten zu können, hatte ich schon einen Komplex weg.

„Irgendwie stimmt bei dir etwas nicht!" spukte es mir im Kopf herum. „Alle anderen haben eine Freundin. Du bist wohl schief drauf!"

Hatte ich genug Mut, mich an ein Mädchen „ranzumachen", war ich bereits zu betrunken ... und wieder klappte es nicht. Bei den Feten war ich für sie der nette Kumpel und Spaßvogel, aber eine feste Beziehung wollte niemand mit mir eingehen.

Nach meiner Berufsausbildung zog ich nach Hannover und nahm mir eine kleine Wohnung. Allein auf mich angewiesen, packte mich die totale Leere. Ich hielt das Alleinsein nicht aus. Alle paar Tage hockte ich in einer Kneipe oder trieb mich in Discos herum. Dabei floß – wie konnte es anders sein – eine Menge Alkohol.

Und dann lernte ich Anne kennen, bei der Geburtstagsfeier einer ehemaligen Schulfreundin. Sie hatte sich gerade ein paar Monate vorher scheiden lassen. Ihre kurze Ehe war eine ziemlich frustrierende Angelegenheit gewesen. Sie hatte das Geld verdient und er studiert und an seiner Doktorarbeit geschrieben. So eine Art Wochenendehe, arg strapaziert von seinen unbeherrschten Wutausbrüchen. Das konnte sie nicht mehr aushalten.

Da war sie bei mir „erfahrenem Liebhaber" natürlich weit besser aufgehoben. Es dauerte nur ein knappes Vierteljahr, und sie zog in meine Wohnung. Dadurch wurde vieles einfacher. Ich mußte nicht ständig hin und her fahren. Geld sparten wir auch. Und was meinen Hauhalt betraf mit dem lästigen Aufräumen, Kochen und Waschen – das war eine feine Sache für mich.

Anne wollte gern heiraten, ich nicht. „Nee", dachte ich, wobei ich mich an die Weisheiten meiner Kasernenzeit zurückerinnerte, „ehe du heiratest, mußt du mit der Frau mindestens zwei Jahre zusammengelebt haben. Du willst ja schließlich wissen, wen du dir geangelt hast!"

Aus zwei Probejahren wurden vier. Bis mir die Entscheidung abgenommen wurde. Wie das kam, erzähle ich nachher.

Schon im ersten gemeinsamen Urlaub fing ich an zu zweifeln: „Also, mit Anne, irgendwie läuft das nicht ..." Gedanklich kamen wir nicht auf einen Nenner. Unsere Interessen gingen in verschiedene Richtungen. Aber ich war zu feige, um einen klaren Entschluß zu fassen. Ich wollte nicht ja, aber auch nicht nein sagen.

Außerdem hatte ich ja auch nichts Besseres. Zumindest war meine Sehnsucht nach Zweisamkeit und Sexualität so einigermaßen gestillt, und ich konnte in Muße nach einer anderen Ausschau halten.

„Die Traumfrau ist sie jedenfalls noch nicht", stellte ich im Vergleich mit anderen Mädchen fest. „Attraktiv ist sie schon. Aber sie müßte aktiver sein, intellektuell mehr drauf haben, geschichtliches und politisches Interesse entwickeln. Auch könnte sie besser auf meine Interessen eingehen, mal Wandern, Sport treiben oder so."

Wir gingen zwar gemeinsam zu allerlei Feten, aber nach der Begrüßung der Freunde verschwand ich und kümmerte mich nicht mehr um Anne. Durch dieses Verhalten wurde sie wahnsinnig eifersüchtig. Sie konnte es nicht ausstehen, wenn ich in unserer Clique eine andere Frau in den Arm nahm und küßte. Und das tat ich. Ich war ständig auf der Suche nach der Besseren und hielt meine Augen überall offen. „Irgendwo muß doch die Frau meiner Träume zu finden sein!" sagte ich mir.

Wie schon angedeutet, wurde mir die Entscheidung dann plötzlich aus der Hand genommen. Anne wurde schwanger. Sie freute sich auf das Baby, aber mir war es lästig. Ich sah alle meine Felle davonschwimmen ... „Mann, gerade wolltest du anfangen zu leben, und jetzt so ein Klotz am Bein!" Ich mußte, ob ich wollte oder nicht, Verantwortung übernehmen. Das hieß: ungebundenes Leben, ade!

Andererseits bin ich aber ein Mann mit Anstand. Ich hatte Anne schon immer sagt: „Kommt ein Baby, dann können wir immer noch heiraten. Das Kind soll in ordentlichen Verhältnissen aufwachsen."

Also, auf zum Standesamt! Mir war nicht wohl dabei. Tief drinnen in mir rumorte es: „Ob das wohl gutgehen wird? In all den vier Jahren haben wir uns eher auseinandergelebt als zueinander gefunden. Aber, was soll's! Ist das Kind erst einmal da, wird sich bestimmt alles regeln. Irgendwie wird es schon gehen."

Das Vaterwerden war für mich eine unheimlich schwere Geburt. Schritt für Schritt kapierte ich, was an Verantwortung auf mich zukam. Ich las Bücher wie „Ein Planet wird geplündert" und „Grenzen des Wachstums". Geschockt von der Lektüre, gingen mir die Augen auf: Zukunftsaussichten für uns und unseren Sohn? Gleich null! In was für einen chaotischen Zustand steuert eigentlich unsere Erde?

Ich begann, mich mit ökologischen Fragen zu befassen, und sah, daß die ganze Welt den Bach runtergeht: Umwelt verschmutzt, Luft verseucht, Rohstoffe erschöpft, Reaktorunfälle, Atomkrieg ... Je mehr ich mich damit befaßte, um so aussichtsloser sah ich die Zukunft.

Und in solch einer Welt muß mein Sohn aufwachsen? Ich sagte mir: „Mensch, jetzt gilt es, Verantwortung zu übernehmen. Du bist jetzt Vater. Aber was für eine Zukunft hat dein Junge? Am besten, du engagierst dich politisch! Wie kann man diese wahnsinnige Rüstungsspirale, die Umweltverschmutzung und und und stoppen?“

Also habe ich mich politisch engagiert. Ich schloß mich der UBL („Unabhängige Bürgerliste“), einer dem „grünen Gedankengut“ nahestehende Wählerinitiative, an und kandidierte für den Stadtrat in Garbsen. Eine wilde Zeit begann. Unheimlich, was ich gelesen und an Informationen gesammelt habe. Ich war selten zu Hause, ständig unterwegs: Demos, Sitzungen, Wahlveranstaltungen, Friedensinitiativen.

Ein Handzettel mit meinem Wahlslogan flatterte in alle Haushaltungen Garbsens: „Ich kandidiere, weil mich der Glaube verlassen hat!“

Der hatte mich tatsächlich verlassen. Ich kämpfte um eine bessere Welt für meinen Sohn Dennis, der inzwischen schon drei Jahre alt war und mich kaum zu sehen bekam, weil ich mich so „vorbildlich“ für seine Zukunft einsetzte.

In meinem Verhältnis zu meiner Frau ging es allerdings ständig bergab. Wir konnten nicht mehr miteinander reden. Es war, als wenn ich auf UKW sendete und sie auf Mittelwelle empfing. Sackgasse! Was die Politik betraf, so empfand ich, lebte Anne sowieso hinter dem Mond.

„Ob ich sie nun mitnehme oder nicht – sie hat doch keine Ahnung von dem, wovon wir reden!“ dachte ich, wenn ich mißbilligend auf Anne schaute. „Oh, Mann, es ist beinahe peinlich, wenn deine Frau nur den Mund aufmacht, wirklich!“ Schließlich zog Anne die Konsequenzen, nahm sich mit Dennis eine Wohnung und reichte die Scheidung ein.

Unbeirrt kämpfte ich für meine politischen Ideale weiter. Dank unseres Bäreneinsatzes zog dann tatsächlich die „Unabhängige Bürgerliste“ mit drei Mandaten in den Stadtrat ein. Ich war der Vierte im Bunde. Nach zweieinhalb Jahren, wenn wir rotierten, war ich dran. So saß ich also mit im Stadtrat und hörte mir das Palaver an. Es ging heiß her. Jeder glaubte, er hätte die einzig richtige Lösung für die anstehenden Probleme. Wir wollten einander nicht verstehen. Wir hörten einander gar nicht zu. Jeder wollte nur seine Argumente an den Mann bringen.

Damals hatte in Garbsen die CDU das Sagen, und die hatte ich auf dem Kieker. Ich wußte nicht viel vom Christentum, aber ich merkte: „Was die machen, hat wenig mit Christentum zu tun. Ist nicht die Grundlage, auf der sie stehen, der christliche Glaube, die Bibel?"

„Ha", sagte ich mir. „wenn du hier nachrückst im Stadtrat, dann reibst du der CDU ihr ‚christlich' unter die Nase – an jeder Ecke, wo du sie nur erwischen kannst. ‚Christlich?' Wißt ihr überhaupt, was das ist? Schlagt mal nach, da steht, was christlich ist! werde ich ihnen entgegenschleudern."

Aber da ich selbst keine Ahnung hatte – mein Konfirmandenwissen reichte bei weitem nicht aus – mußte ich mich erst einmal informieren. Als Kriminalbeamter wußte ich, daß man zu einer Beweisführung nicht nur Vermutungen, sondern Fakten braucht. Naja, so fing ich an, die Bibel zu lesen. Erst einmal, und dann noch ein zweites Mal, von vorn bis hinten durch.

„Oh", sagte ich mir beim ersten Durchgang, „das ist ja toll! All das, was hier (ich war gerade bei den Mosebüchern) steht über Segen und Fluch und wie die Güter zu verteilen sind ... da wäre ja Kapitalmaximierung gar nicht möglich!" Das gefiel mir für das erste Mal schon recht gut und gab mir schlagende Argumente in die Hand.

Inzwischen war ich also Kriminalbeamter und gleichzeitig bei den Grünen. Bei Demonstrationen gegen Atomkraftwerke standen mir meine Kollegen gegenüber! So bekam ich erhebliche innerdienstliche Schwierigkeiten. Bald war ich aller Arbeit entledigt. Gegen alles stellte ich mich aber auch quer. Fiel der Name Grabs, hoben meine Vorgesetzten abwehrend die Hand: „Ehe wir mit dem stundenlang diskutieren, geben wird den Auftrag lieber gleich jemand anders!“

So hatte ich viel Zeit, die Bibel ein zweites Mal durchzulesen – und das während der Dienststunden! Auch wenn ich sie nur unter dem Gesichtspunkt las, meine politischen Gegner aufs Kreuz zu legen, merkte ich: „Mann, da steckt viel mehr dahinter, als du je geahnt hast!“

Inzwischen wußte ich ja theoretisch sehr gut, wie man abrüstet, nämlich indem man Vertrauen schafft. Und vertrauensbildende Maßnahmen untermauert man damit, daß man einseitig abrüstet. Das gelang mir alles ausgezeichnet.

Nur meiner Frau gegenüber erschien es mir fast unmöglich abzurüsten. Ich hatte aufgerüstet und aufgerüstet, sie beschossen und bombardiert, bis sie nicht mehr mit mir zusammenleben wollte.

In meinem Büro, beim Lesen der Bibel, stieß ich im 1. Timotheusbrief auf einen für mich verhängnisvollen Satz. So klebte er mir im Gedächtnis: „Was machst du im Rat der Ältesten [im Stadtrat] und bist nicht einmal in der Lage, deinem eigenen Hause vorzustehen?“

Rumms! Das saß! „Schaust du zurück, dann hast du nur einen Scherbenhaufen hinterlassen“, mußte ich mir sagen. „Deine Familie – tja, die ist kaputt!“

Anne:

Ich habe immer versucht, mit Friedemann Schritt zu halten. Aber das ging gar nicht, weil ich das nötige Wissen und die Zeit nicht hatte. Ich hing immer ein halbes Jahr hinterher. So schnell konnte ich mich gar nicht umstellen. Einmal Ökologie, dann Politik, dann Yoga, Auswandern nach Indien, und was nicht alles. Er hatte ja auch viel Zeit auf seiner Dienststelle.

Da war ich ganz anders eingespannt. Bis zur Geburt unseres Jungen ging ich arbeiten. Dann hatte ich den Haushalt und das Kind zu versorgen. Friedemann konnte ich nicht fragen, er war ständig unterwegs. Für ihn war ich sowieso ein Dummerchen.

Ganz klar, daß einem dabei das eigene Wertgefühl verlorengeht. „Was soll das alles?“ grübelte ich. „Für den Haushalt und das Kind bist du ihm gerade gut genug. Zu mehr reicht's nicht!“ Diese Gedanken schmerzten und verbitterten mich zutiefst.

Schließlich hatten wir keine Beziehung mehr zueinander. Es lief überhaupt nichts mehr. Bis es dann eines Tages krachte. Jeder war aus seinem eigenen Urlaub zurückgekommen und, naja, wir schliefen wieder zusammen. Am nächsten Morgen erklärte Friedemann kalt und abweisend: „Es hat keinen Sinn mehr mit uns beiden. Das Miteinanderschlafen schon gar nicht!“

Das saß! Wir hatten uns so lange nicht mehr gesehen. Ich wollte wieder anfangen, an mir sollte es nicht liegen ... und jetzt dieser Schlag!

Kurz entschlossen baute ich die Betten auseinander und zog in ein anderes Zimmer. Ein knappes Jahr versuchte ich auf diese Weise zu überleben. Wir haben zusammen gefrühstückt und gegessen. Dennis in der Mitte. Aber die Atmosphäre war eisig. Nichts lief. Kaum gesprochen, geschweige denn angefaßt haben wir uns – als wenn zwei Magneten mit einem Negativpol aufeinander zukämen. Mit Worten ist das kaum zu beschreiben.

Als nach einer weiteren Auseinandersetzung Friedemann Hals über Kopf allein in Urlaub fuhr, nahm ich mir eine eigene Wohnung und suchte Arbeit. Die Scheidung lief relativ vernünftig ab. An Dennis wollten wir nicht herumzerren. Ich nahm ihn zu mir. Hab und Gut teilten wir gerecht auf, und dann ging jeder seiner Wege.

Friedemann stürzte sich in seine Politik und hatte noch mehr Zeit, mit seinen Freunden einen Stadtteilladen einzurichten. Auch ich suchte, Anschluß zu finden. Da las ich in der Zeitung eine Anzeige: „Frauen suchen Kontakt mit anderen, um eine Frauengruppe aufzubauen.“

So trafen wir uns wöchentlich, klönten miteinander, planten Unternehmungen, gingen zu Konzerten und waren dabei, wenn in der alternativen Szene etwas angeboten wurde. Man mußte ja irgendwie dabei sein, mitreden können.

Alle kamen aus kaputten Beziehungen und waren enttäuscht von Männern – wie ich. Manche hatten viel in ihre Beziehung investiert und suchten jetzt irgendwie Halt bei Frauen, denen es ähnlich ging. Es war ein richtiger „Frustaustausch".

Auch den „Frauen für den Frieden" schloß ich mich an. Wir besuchten den internationalen Frauentag, wo nur Frauen unter sich sind, und meinten: „Frausein ist gut, Männer brauchen wir nicht!" Als ich dann merkte, daß viele Lesbierinnen mitmischten, wurde mir doch unwohl, und ich distanzierte mich.

Gleichzeitig versuchte ich, wieder eine Beziehung mit einem Mann aufzubauen. Aber das lief auch nicht. Die gleichen Probleme traten, wenn auch etwas verschoben, wieder auf. Außerdem hatte der Mann nur sexuelle Interessen. „Nee", sagte ich mir, „so will ich auch nicht leben". Und dann ließ ich es lieber sein.

Wegen Dennis traf ich mich hin und wieder mit Friedemann. Dadurch wurde die Hoffnung in mir geweckt, daß wir vielleicht eines Tages doch wieder zusammenfinden könnten ...

Friedemann:
Nach der Scheidung stürzte ich mich zunächst wieder in meine politische Arbeit – es war eine Flucht vor der Auseinandersetzung mit der Realität – und vermied es, allein in meiner Wohnung zu sein.

Saß ich dann doch in meiner kleinen Küche, wollte mich die Einsamkeit fast erdrücken. Wieder lümmelte ich am Fenster herum und schaute trübsinnig den Pärchen nach: „Warum geht es den anderen nur so gut? Und ich hocke hier alleine 'rum!"

Da packte mich erneut die Sehnsucht nach einer Beziehung. Naja, schließlich zog ich wieder mit einer Frau zusammen. Es kam, wie es kommen mußte: das gleiche in Grün. Wir trennten uns. Wieder die vertraute Leere und Einsamkeit.

Allmählich kam ich auf den Trichter, daß es gar keinen Sinn hatte, eine neue Freundin zu suchen. „Dann will ich doch lieber versuchen, die alte Beziehung wieder zu flicken. Die Mißstände kenne ich wenigstens!“ philosophierte ich. „Das ist jedenfalls besser, als laufend die Frauen zu wechseln und jedesmal wieder bei Null anzufangen.“

Soweit war ich also mit meiner Einsicht bereits gekommen. Doch fähig zu einem Neuanfang waren weder ich noch Anne. Wir trafen uns wegen Dennis, verbrachten auch mal ein Wochenende miteinander. Aber da war insbesondere bei Anne eine totale Blockade. Obwohl sie es sich wünschte, konnten wir uns nicht näherkommen. Zu viel war in der Vergangenheit vorgefallen. Das konnten wir nicht einfach unter den Teppich kehren und vergessen.

In der Zwischenzeit studierte ich immer noch fleißig die Bibel, um meine politischen Gegner aufs Kreuz zu legen. Doch durch meine persönlichen notvollen Umstände las ich sie jetzt aus einem anderen Blickwinkel. Jedenfalls fand ich zum ersten Mal tolle Sprüche darin, die mir halfen. Irgendwie merkte ich: „Mensch, da ist viel mehr dran an der Bibel, als du begreifst. Wo kann ich nur mehr darüber erfahren? Natürlich, in einer Kirche!“

Ich also zur Kirche getrottet. Kopfschüttelnd schaute ich auf die zwei Reihen älterer Damen, die mit hängendem Kopf vor mir einen Gesang anstimmten, bei dem ich mir sagte: „In der Bibel steht das aber anders: ‚Gott wohnt im Lobpreis seines Volkes.‘“ So hatte ich es gelesen. „Wenn das ein Lobpreis sein soll, und ich wäre Gott, dann würde ich mir eine Riesenpackung Oropax besorgen. Ist denn hier jeden Sonntag Volkstrauertag?“ fragte ich mich.

Für meine Ohren war das ein Gejammer, wirklich. Aber

ich ließ nicht locker. Vier- oder fünfmal bin ich hingegangen. Und so leer, wie ich reingegangen bin, bin ich auch wieder rausgegangen.

Da ich in meiner Dienststelle immer mehr Schwierigkeiten bekam, wurde ich nach Neustadt strafversetzt. Eines Tages flatterte mir ein Fernschreiben zur Bearbeitung auf den Tisch. Heute weiß ich: das war ein Fernschreiben, das mir Gott persönlich geschickt hat! Ich sollte eine 82jährige Dame als Zeugin vernehmen. Ich suchte sie auf. Als ich eintrat , sah ich überall Bibelsprüche an den Wänden hängen. „Hmm", brummte ich und studierte die Sprüche, „das ist ja interessant. Ich habe die Bibel auch schon zweimal gelesen."

Sofort taute die alte Dame auf und fing an zu erzählen. Als sie immer wieder von Jesus und vom Heiligen Geist sprach, wehrte ich ab: „Ach, Oma, das ist wohl was für Sie. Aber ich, aufgeklärt wie ich bin ... So zu glauben, ist was für Leute, die nicht merken, wie sie politisch benachteiligt werden!"

Aber diese Frau hatte etwas: eine besondere Ausstrahlung. Sie hatte Freude, Liebe, Gewißheit. Ich konnte ihr nicht böse sein.

„Ach, wie Sie das sehen, das ist doch alles gar nicht so schlimm. Wo Sie die schwarzen Löcher sehen, da sind doch gar keine. Uns gerät sie aus der Kontrolle, diese Erde, aber es gibt jemanden, der hat sie absolut unter Kontrolle!" strahlte sie mich an.

Na, jedenfalls hatte ich sie als Zeugin vernommen – das waren drei Zeilen. Und mit einem Stapel frommer Bücher zog ich davon. Ich wollte wissen, was es damit auf sich hatte. Begierig fing ich an zu lesen – eine Leseratte war ich schon immer, und dienstlich hatte ich auch immer noch viel Zeit.

Beim Schmökern stolperte ich immer wieder über den Heiligen Geist und andere Behauptungen, die mich irritierten. Es war schwer voranzukommen. Ich mußte so viel Neues verdauen. „Naja, gut", spornte ich mich an, „lies mal weiter! Dann verstehst du es vielleicht besser."

Aber gleichzeitig hatte ich bei diesen Büchern das gute

Gefühl: hier sagt dir jemand die Wahrheit. Obwohl ich häufig nur Bahnhof verstand, hatte ich nicht den Eindruck, es würde mich jemand belügen. Durch die Zeilen kamen mir Wärme und Verständnis entgegen. Keine Anklage. Ich merkte: hier versucht jemand, mir weiterzuhelfen.

Die ältere Dame mußte noch mehr Bücher herrausrücken. Als ich ihr klagte, in der Kirche, in der ich gewesen war, sei nichts los, sprudelte sie heraus: „Dann kommen Sie doch mit in meine Gemeinde. Sie werden sehen, bei uns ist wirklich was los!"

Sie nahm mich mit nach Bückeburg in ihre Gemeinde. Ich mußte ihr recht geben. Hier war ein munterer Haufen zusammen. Manche klatschten beim Singen in die Hände, andere hoben die Arme. Aber das fand ich nun ausgesprochen übertrieben. Das andere war zu lahm, aber dies hier war mir zu euphorisch.

Und vorne hatten sie einen Chor hingestellt, die strahlten alle. „Mann, die habt ihr ja schön aufpoliert!" staunte ich. „So glücklich kann doch kein Mensch sein."

Doch irgendwie war alles beeindruckend echt. Ich wurde mit großer Liebe empfangen und fühlte mich angenommen. Es war so überzeugend, daß ich regelmäßig hinfuhr.

Schließlich überredete man mich, mit einer Reisegruppe nach Israel zu fliegen. Dort gingen mir die Lampen endgültig auf. Was ich vorher theoretisch aus der Bibel in mich aufgenommen hatte – jetzt wurde es lebendig. Ich verstand, was Jesus wirklich gemeint hatte. In Israel nahm ich Jesus als meinen Erlöser an und ließ mich auch im Jordan taufen.

Meine Reisefreunde beteten für mich, für Anne und daß unsere Ehe wieder in Ordnung käme.

Anne:

Als Friedemann aus Israel zurückkam, war ich zunächst geschockt. Friedemann mit Touristen in einer Reisegruppe in vornehmen Hotels! Wo er doch sonst nur mit Rucksack in die einsamsten Gegenden trampte. Unmöglich! Was war nur in ihn gefahren? Und dann erzählte er unaufhörlich von seinem Glauben und wie toll es in Israel war. Da ging ich gleich in Abwehrstellung.

Nicht, daß ich grundsätzlich etwas gegen den Glauben hatte. Was ich hörte, erschien mir allerdings zu komisch. Ich glaubte doch an Gott und auch an Jesus. Zwar hatte ich nach der Konfirmation nie wieder etwas darüber gehört oder gelesen, aber wenn ich in Not war, hatte ich auch schon mal gebetet, so für mich ...

Und nun meinte Friedemann, das sei noch nicht der richtige Glaube. Das reiche nicht. Ich bräuchte eine persönliche Beziehung zu Jesus. Sowas aber auch!

In der Zeit vor Friedemanns Israelreise waren wir zunächst probeweise wieder zusammengezogen. Das lief ganz gut, aber auf keinen Fall wollten wir noch einmal zum Standesamt gehen.

Und jetzt fing Friedemann davon an, er wolle mich wieder heiraten. Da schnürte sich bei mir alles zu. Ich sah die alten Schwierigkeiten auf mich zukommen. „Nein, nicht noch einmal! Meine Freiheit wird er mir nehmen! Ausnutzen wird er mich! Zum Schluß muß ich doch wieder alles allein machen mit dem Haushalt und Dennis!“ Ich hatte eine panische Angst vor einer festen Beziehung. Aber Friedemann war anders geworden. Sein Glaube hatte ihn verändert. Wir entdeckten mehr Gemeinsamkeiten, konnten miteinander reden, sogar beten. Ich meine, so am Tisch, vor dem Essen. Das kannte ich ja von früher aus meiner Kindheit. Dennis gefiel es. So hatte ich nichts dagegen.

Ich ging auch mit in die Gemeinde nach Bückeburg. Ich wollte mich nicht abkapseln, sondern Friedemann meinen guten Willen zeigen und nicht, wie früher, nur vor dem Fernseher sitzen. Beim Zuhören merkte ich: „Du kannst nicht ewig den Zuschauer spielen. Einmal mußt du dich entscheiden, entweder dafür oder dagegen.“ Da tobte ein erbitterter Kampf in mir.

Als wir dann eines Tages wieder in einer christlichen Veranstaltung saßen und der Referent aufforderte, eine klare Entscheidung für Jesus zu treffen, sagte ich mir: „Jetzt gibst du deinen Widerstand endgültig auf. Was hat es für einen Sinn, wenn wir einander nicht vergeben können und uns mit Worten immer wieder aufputschen? Ohne Jesus geht es wohl doch nicht."

Ich meldete mich und sprach ein Gebet, in dem ich Jesus um Vergebung meiner Sünden bat und ihn und seine Kraft in mich aufnahm.

Danach wurde unsere Beziehung sichtlich besser. Wenn Probleme auftauchten, schaukelten wir uns nicht mehr so hoch wie früher. Ich merkte, Friedemann meint es ehrlich. Ich konnte ihm schneller vergeben und war nicht so nachtragend. Irgendwie bekam ich die Kraft dazu. Das war mir früher nicht möglich gewesen.

Durch den neuen Lebensinhalt hatten wir auch anderen Gesprächsstoff. Wie oft diskutierten wir miteinander über die Bibel! Und das lief gut. Wir fragten uns: „Was ist überhaupt eine christliche Ehe?" Etwa ein halbes Jahr beschäftigten wir uns mit dieser Frage und suchten gemeinsam in der Bibel nach Antworten. „Was haben wir nur getrieben?" fragten wir uns, „So kann es doch nicht weitergehen! Unser ganzes Leben muß anders werden!"

Im Gegensatz zu früher waren wir nun gleichwertige Gesprächspartner. Friedemann nahm mich ernst und schätzte meine Gedanken. Die Gespräche mit ihm wurden zunehmend schöner.

Wir lernten nicht nur, miteinander zu sprechen, wir fingen auch an, zusammen zu beten. Das war zunächst gar nicht leicht. Am Anfang wollte ich nicht mitmachen. Friedemann betete für sich, ich betete für mich. Nie hatte mir jemand erklärt, wie man gemeinsam betet. Irgendwie kam es mir ganz seltsam vor, meine Gedanken laut vor Friedemann auszusprechen, besonders, wenn wir uns gezankt hatten.

Nach wie vor war es eine Katastrophe, wie wir uns mit bösen Worten hochschaukeln konnten. Wenn in solch einer

Situation Friedemann bremste: „Halt, stopp! Wir kommen nicht weiter. Wir verstehen uns überhaupt nicht. Wir reden aneinander vorbei. Laß uns doch beten!“ wollte ich zunächst nicht.

„Laß das! Mir ist nicht nach Beten zumute“, erwiderte ich dann unwirsch.

Aber es war wirklich der klügere Weg. Wir kühlten ab, sahen unsere Fehler ein und konnten einander vergeben.

Es dauerte nicht lange, bis wir einsahen: „Wollen wir uns als Christen wirklich nach der Bibel richten, können wir nicht weiterhin so unverbindlich zusammenleben. Bei Gott gibt es nur ein Ja oder Nein. Solange wir vor dem Traualtar nicht ja zueinander gesagt haben, darf nichts zwischen uns laufen.“ Das brauchte uns niemand zu sagen.

Als wir das kapierten, schliefen wir nicht mehr miteinander. Das war kein Krampf. Es war gut so. Wir konnten uns dadurch viel besser auf die anderen Bereiche unserer Beziehung konzentrieren wie Kommunikation und Romantik.

Ja, und dann, drei Jahre nach unserer Scheidung, heirateten wir wieder. Diesmal mit Gottes Segen. Die Gemeinde in Bückeburg arrangierte eine wunderschöne Hochzeitsfeier.

Bis dahin hatte ich mir gar nicht bewußt gemacht, wie wichtig ein verbindliches Versprechen für das ganze Leben ist. Früher hatte ich ständig mit dem Problem der Eifersucht zu kämpfen. Friedemann war ein aufgeschlossener Mann, und wenn er nur auf eine Frau zuging, wurde in mir Alarm ausgelöst. Mein Verdacht war ja auch berechtigt.

Diese seelische Macke hat Jesus mir weggenommen. Wenn Friedemann jetzt verreist ist oder mit anderen Frauen spricht, verspüre ich keine Eifersucht mehr. Ich kann mich auf ihn verlassen. Es ist ein ganz anderes Leben, wenn man einander vertrauen kann: „Ich stehe zu dir, egal, was auf uns zukommt.“

Ich finde, eine Beziehung kann man eigentlich nur auf dieser Vertrauensbasis aufrechterhalten. Und dieses Vertrauen dem anderen glaubhaft zu schenken, ist nun einmal ohne

Trauschein sehr schwer möglich, wenn nicht ganz und gar unmöglich.

Friedemann:
Von Zeit zu Zeit haben wir immer noch Probleme miteinander. Aber wir wissen, wie wir sie angehen können. Sie bedeuten für unsere Familie keine existentielle Bedrohung mehr.

Wir haben gelernt, daß Gott uns vergibt, egal, was vorgefallen ist. Und aufgrund der Vergebung Gottes können wir auch einander vergeben. Ich glaube, bei uns geht die Sonne nicht mehr unter, ohne daß wir einander vergeben haben. Diesen Bibelvers wollen wir immer für unsere Ehe anwenden: „Die Sonne gehe nicht unter über eurem Zorn, und gebet dem Teufel keinen Raum“ (Epheser 4,27).

Wir schlafen nicht mehr mit unausgesprochenen Vorwürfen ein. Sicherlich fällt es schwer, abends noch rauszurücken: „Du, ich hab' noch was auf dem Herzen, das muß ich rauslassen.“ Aber es geht, und ich bin dankbar dafür, daß man sich wirklich überwinden und aussprechen kann.

Jesus hat unsere Ehe in einer Weise geheilt, wie ich es allein nie geschafft hätte. Wo ich früher gesagt habe: „Mit der kann und will ich nicht mehr leben“, sage ich heute: „Herr, ich bin dir dankbar, daß du mir gerade diese Frau gegeben hast. Ich brauche sie und will ohne sie nicht mehr leben. Wir bleiben zusammen, bis der Tod uns scheidet!“

Auch meine politische Einstellung hat sich durch mein Christsein geändert. Mit Gott sieht die Welt anders aus als ohne Gott. Total anders. Besonders auch, was die Zukunft betrifft: da ist nämlich keine Sackgasse, sondern Hoffnung.

Wer sich mit ökologischen Fragen befaßt, der sieht, daß die Erde eines Tages vernichtet werden wird. Man kann sie nicht auf Dauer erhalten, sie geht zugrunde. Trotzdem ist es schlimm zu beobachten, wie der Mensch sie Stück für Stück zerstört. Wenn jemand – wie auch ich früher – die Grundlage seines Lebens allein in reiner Luft, reinen Gewässern und biologischem Anbau sieht und nicht in Gott, setzt er natürlich alles dran, eine saubere Umwelt zu erhalten. Die Ohnmacht, diese Zerstörung nicht aufhalten zu können, kann einen Menschen verständlicherweise zu Verzweiflungstaten treiben.

Irgendwo habe ich gelesen: „Die Erde ist ein sinkendes Schiff, und als Christen sind wir nicht gerufen, die Löcher zu stopfen, sondern die Besatzung zu retten."

Der Umweltschutz ist mir nicht gleichgültig geworden. Aber es reicht nicht aus, ständig Löcher des sinkenden Schiffes zu stopfen. Ich will nicht nur die Symptome einer kranken Gesellschaft bekämpfen, sondern die Ursachen des Dilemmas deutlich machen. Und die Ursache ist die Gottlosigkeit der Menschen.

Mein Beruf macht mir Freude. Sooft ich mit straffälligen Menschen zusammenkomme, nutze ich die Gelegenheit zu einem Zeugnis für Jesus. Wenn sie mir zum Beispiel erzählen, wie sie in ihren Schlamassel geraten sind, zeige ich ihnen auch, wie sie wieder herauskommen können, so daß manch einer erstaunt fragt: „Wo bin ich hier eigentlich? Bei der Kripo oder beim Pastor?"

Mit meinen ehemaligen politischen Freunden und Feinden rede ich genauso. Ich wünsche mir, daß meine Mitmenschen nicht nur die Symptome unseres kranken gesellschaftlichen Lebens bekämpfen, sondern erkennen, wo die Wurzel des Übels liegt.

Wir sind zu schnell zur „Sache“ gekommen

Unsere Beziehung hatte überstürzt mit sexueller Leidenschaft begonnen, und sexuelle Nöte sind immer unser Problem geblieben. Damit hatten wir es schwerer als ein Paar, das sich von vornherein an die biblischen Gebote der vorehelichen Reinheit hält.

Wolfgang und Brigitte Hansen
(Die Namen wurden geändert)

Wolfgang:
Wir beide, Brigitte und ich, sind sehr schnell – zu schnell, wie wir später schmerzhaft eingestehen mußten – zur „Sache“ gekommen – schon nach wenigen Wochen des flüchtigen Kennenlernens.

Vorangegangen war ein Kurzurlaub mit ehemaligen Schulkameraden in Dänemark. Brigitte war auch dabei. Während eines Gesprächs bemerkte sie beiläufig, sie hätte während der Schulzeit starkes Interesse an mir gehabt. Dem wollte ich nachgehen und herausfinden, ob etwas von dem früheren Feuer übriggeblieben war.

Zurück in unserer Heimatstadt, trafen wir uns öfters. Tja, und dann verbrachten wir einen netten Abend bei Brigitte. Ihre Eltern waren nicht zu Hause, und die ganze Sache endete im Bett, wo wir das erste Mal Geschlechtsverkehr miteinander hatten.

So wurde unsere Beziehung von vornherein von der sexuellen Seite her geprägt. Wir hatten uns gern, aber unsere verschiedenen Charaktere gaben häufig Anlaß zu Reibungen. In solchen Situationen wollten wir mehr als einmal endgültig

Schluß machen. Doch wir schafften es nicht. Die Sehnsucht nach sexuellem Kontakt war zu groß. Über die körperliche Liebe fanden wir immer wieder zueinander. Es war, als ob wir aneinandergekettet wären.

Wir waren nicht in der Lage, Probleme verbal zu lösen oder uns zu vergeben. Durch die Überbetonung der Sexualität fanden wir keine Zeit, uns richtig kennenzulernen oder an unserer Kommunikation zu arbeiten. Das Miteinanderschlafen war vielmehr unser Weg der „Problemlösung". Weil wir nicht voneinander loskamen, nahmen wir uns an unserem Studienort eine gemeinsame Wohnung. Brigitte studierte Pädagogik und ich zunächst Chemie. Im Grunde genommen war es eine schöne Zeit, wir hatten uns ja lieb, wenn nur nicht unsere verschiedenen Lebensvorstellungen so hart aufeinandergeprallt wären. Wie oft lagen wir uns in den Haaren!

Und dann geschah es.

„Wolfgang, ich glaube, ich bin schwanger. Ich habe da so ein seltsames Gefühl", gestand mir Brigitte eines Tages bestürzt.

„Unsinn!" wehrte ich ab. „Du redest dir was ein. Das kann doch nicht wahr sein. Geh erst mal zum Arzt!"

Tatsächlich. Der Arzt bestätigte die Schwangerschaft. Für mich war sofort klar, was geschehen mußte. Abtreiben, was sonst?

Sonst würden wir ja für immer zusammengehören. Wir müßten für jemand Verantwortung übernehmen, den wir noch nicht kennen, der einfach unerwartet kommt ... und das lebenslänglich! Dieser Verantwortung fühlte ich mich absolut nicht gewachsen.

„Hoffentlich sieht Brigitte das ein!" seufzte ich innerlich.

Brigitte:
Für mich bestanden keine Zweifel mehr, als ich Wolfgang zum ersten Mal von meinem Verdacht einer Schwangerschaft erzählte. Irgendwie wußte ich es ganz genau.

Aber ich konnte und wollte das Kind nicht akzeptieren. Für mich stand die Berufsausbildung an erster Stelle. So hatte ich es von zu Hause mitbekommen. Und nun sollte ich das plötzlich alles aufgeben?

Beschämung und Stolz stiegen in mir hoch. Ich sah mich bloßgestellt vor der Gesellschaft: ein junges Mädchen, nicht verheiratet, Sportstudium – und dann schwanger!

Gleichzeitig wußte ich: „Du kannst das Kind nicht töten. Das ist Sünde. Das geht doch nicht!"

Ich schüttete mein Herz vor meiner Ärztin aus: „Ich muß mit meiner Mutter darüber sprechen. Alles habe ich ihr bisher sagen können!"

„Ihre Eltern werden und können es nicht verstehen", versuchte diese mich zu beschwichtigen.

Das führte zum Bruch mit meinen Eltern. Ich nahm an, nicht mit ihnen über meine Not sprechen zu können. Heute glaube ich, meine Mutter hätte mir geholfen und mich vor diesem Mord bewahrt.

So schwieg ich und nahm alles auf meine Schultern. Wir gingen noch zu einer katholischen Beratungsstelle. „Sie werden mit dieser Schuld nicht fertig werden!" erklärte man uns immer wieder.

Zwei Wochen lang lief ich mit verheulten Augen herum und kämpfte mit mir. Es war zum Wahnsinnigwerden. Ich wußte genau: „Du machst das Verkehrte, wenn du abtreibst!" Trotzdem gab es für mich zum Schluß nur diesen einen Weg. Durch den reformierten Abtreibungsparagraphen 218 mit der Klausel „soziale Indikation" wurde mir nichts in den Weg gelegt, obwohl es nach wie vor Auswege gab, wie sie mir die Beratungsstelle aufzeigte.

Direkt nach der Abtreibung ging es mir erstaunlich gut. Ich hatte keine Probleme. Das Leben ging weiter.

Aber dann im Frühjahr – etwa zum Zeitpunkt der Geburt des ermordeten Kindes ...

Mir schnürte sich der Hals zu. Die ganze Problematik brach wieder auf. Die Dame von der Beratungsstelle hatte recht gehabt. Ich wurde mit meiner Schuld nicht fertig! Hinzu kamen Beziehungsprobleme mit Wolfgang.

Ich begann, mich mit Glaubensfragen zu beschäftigen. Auslöser war eine frühere Begegnung mit Christen während eines Au-Pair-Aufenthaltes in Südamerika. Dort hatte eine Wohngemeinschaft mir vorgelebt, wie Gott Schuld vergibt.

Junge Christen einer freikirchlichen Gemeinde in Kiel hörten mir zu und nahmen mich an. Ich sehnte mich nach der Vergebung meiner Schuld, nach einem Neuanfang, und traf eine bewußte, konsequente Entscheidung für Gott.

Doch die seelischen Nöte hörten nicht auf. Noch etwa zwei Wochen lang war mir, als würde ich gewürgt. Plötzlich wurde mir klar: Trotz meines neuen Lebens als Christ hatte ich keine persönlichen Konsequenzen gezogen. Ich lebte immer noch mit Wolfgang zusammen, als ob nichts geschehen wäre.

Als ich ihm mitteilte, ich wolle ausziehen, brach er zusammen. Zum ersten Mal sah ich Wolfgang weinen. Doch so schwer es mir fiel, ich blieb hart. Ich packte meine Sachen und bekam Frieden.

Wolfgang:
Ich konnte nicht glauben, was Brigitte mir erzählte. Fassungslos starrte ich sie an.

„Komm, das ist doch nur eine momentane Überreaktion! Ganz verständlich bei dem, was du durchgemacht hast!“ protestierte ich verzweifelt. „Wir trennen die Zimmer wieder. Jeder kriegt seinen eigenen Bereich. Du brauchst doch nicht gleich auszuziehen!“

„Was werden nur die anderen und unsere Eltern denken? Erst zusammengezogen und dann wieder auseinander ... Und außerdem, wie soll ich die Wohnung allein finanzieren?“ Diese Gedanken schossen mir durch den Kopf.

Doch Brigitte blieb konsequent.

Auch ich war früher einmal Christen begegnet. Ich wußte, zu welchen Handlungen ein entschiedener Christ fähig sein kann, und ahnte schon, was auf mich zukommen würde.

Um Brigitte nicht ganz zu verlieren, entschloß ich mich zu einem Kompromiß und begleitete sie widerwillig zu den Gottesdiensten in ihrer neuen Gemeinde. „Guck dir mal an, was da läuft und was Brigitte daran fasziniert!" sagte ich mir.

Zwei Monate lang ging ich mit. Sehr ungern. Trotzdem blieb ich dabei. Ich wollte auf dem laufenden bleiben und sehen, was Brigitte weiter tun würde. Sie wohnte nun brav in ihrem neuen Zimmer. Hin und wieder trafen wir uns. Aber spätestens um acht, halb neun war dann Zeit für mich zu gehen. Sie war enorm konsequent. Wir hockten auch gar nicht so oft in der Wohnung, sondern trafen uns mit anderen oder gingen spazieren. Selbst Federball spielten wir miteinander.

Von Grund auf mußten wir lernen, etwas gemeinsam zu unternehmen, ohne daß Sexualität dazwischenkommen durfte. Allein der freundschaftliche Aspekt blieb. Jetzt mußte sich zeigen, ob wir darin eine Basis finden konnten. Noch nie zuvor hatten wir uns so viel erzählt und dabei versucht, einander zu verstehen.

Die Monate verstrichen. Brigitte schnitt immer wieder Glaubensfragen an. Persönlich war ich nicht so weit, daß ich nach Gott gesucht hätte. Ich hatte nur einen Gedanken: Wie kann ich unsere Partnerschaft retten?

Schuldig fühlte ich mich auch nicht, so daß ich deswegen Gott gebraucht hätte. Nein, eigentlich war ich ein toller Typ. Mein Sozialverhalten war doch tadellos: immer hilfsbereit, höflich erzogen, freundlich ... Naja, und die dumme Sache mit der Abtreibung, dabei war mir zwar etwas mulmig zumute, aber schuldig fühlte ich mich nicht.

Dann, eines Tages, sprach Gott durch eine Predigt zu mir. Der Pastor beschrieb Personen, die durch die Welt irren, ständig auf Zeichen von Gottes Liebe stoßen, aber nicht einsehen wollen, daß Gott es ist, der dahinter steht. Die Illustrationen paßten haargenau auf mein Leben. Da soll es doch Lokomotivführer geben, die so dumm sind, daß sie versuchen, den ganzen Zug von hinten zu schieben, anstatt den richtigen Hebel zu bewegen, der den Strom durch die Antriebsaggregate schickt.

„Mann“, sagte ich mir, „so bist du doch auch! Du tust nicht die einfachen Schritte, sondern machst alles immer irgendwie hintenherum. Du gehst nach hinten und versuchst alles von hinten aufzurollen.“

Ein anderes Beispiel aus der Predigt: Der Zug fährt nur richtig, wenn das Metall von der Oberleitung rein ist. Wenn dort Rostflecken sind, fließt kein Strom.

Zum ersten Mal ging mir auf, daß es auch in meinem Leben eine Menge Flecken gab, besonders in der Beziehung zu Brigitte.

„Du hast tausend Ausreden“, mußte ich mir eingestehen, „obwohl du innerlich genau weißt, daß du schuld hast, gibst du es nicht zu.“

Beim Hinausgehen sprach mich jemand von den Mitarbeitern an: „Na, Wolfgang, was ist?“

„Was soll schon sein?“ rutschte es mir heraus. „War 'ne gute Predigt. Paßt genau auf mein Leben.“

„Naja, und nun ...?“

Da machte es bei mir endlich „klick“. Wir setzten uns in einen Nebenraum, und zögernd betete ich: „Gott, du hast recht. Bei mir ist nicht alles in Ordnung. Vergib mir. Ich möchte nicht an dir vorbeigehen, ohne es mit dir gewagt zu haben. Ich will jetzt nach deinen Maßstäben leben. Ich will es testen. Wenn es wahr ist, bleibe ich dran, und wenn nicht, dann geh ich wieder. Bitte, hilf mir!“

Als Brigitte von meinem Handel mit Gott hörte, war sie nicht sonderlich begeistert davon. Sie hätte sich von mir eine leidenschaftliche Hingabe an Jesus gewünscht. Aber dazu war ich nicht in der Lage. Ich war nicht hundertprozentig überzeugt von dem Weg mit Jesus, andererseits wollte ich mir auch nicht den Vorwurf machen lassen, ich hätte es nie mit Gott probiert.

Aber es hat geklappt! Schritt für Schritt begriff ich, was

Jesus für mich getan hatte. Ich habe seine Treue erlebt, sein Reden und seinen Frieden. Und so bin ich dabeigeblieben.

Jetzt, da ich Christ war, gestand Brigitte offen ein, daß sie mich immer geliebt hätte und nicht ohne mich leben könnte. Auf der Basis unseres gemeinsamen Glaubens konnten wir an eine von Gott gesegnete Eheschließung denken.

Gleichzeitig machte uns das alte Problem zu schaffen. Wir litten beide unter der sexuellen Enthaltsamkeit und konnten unsere Sehnsucht kaum in den Griff bekommen. Einerseits war es eine Erleichterung, sich das eingestehen zu dürfen, aber andererseits: wie lange sollten wir noch warten?

Eigentlich brauchten wir zunächst eine Vorbereitungszeit auf die Ehe, wie jedes verlobte Paar. Es gab noch viel zu lernen an Kommunikation, liebevollem Umgang, Verzicht. Der gemeinsame Lebensstil mußte erst gefunden werden.

Trotzdem entschlossen wir uns zu heiraten. Wir wußten vor Gott: wir gehören zusammen. Uns schien es besser, jetzt den Ehebund zu legalisieren und Beziehungen, die man in der Verlobungszeit lernen sollte, als Ehepaar in Angriff zu nehmen.

Damit hatten wir es schwerer als ein Paar, das sich von vornherein an die biblischen Gebote der vorehelichen Reinheit hält. Aber das war unsere ungute Hypothek aus der Vergangenheit. Unsere Beziehung hatte überstürzt mit sexueller Leidenschaft begonnen, und sexuelle Nöte sind immer unser Problem geblieben.

Ich bin schon verkehrt aufgewachsen. Mit meinen Eltern konnte ich leider nicht über Freundschaft und Sexualität reden. Die ersten Kontakte mit Mädchen in meinen Teenagerjahren verliefen unglücklich und verklemmten mich total. Mein Vater mußte ähnliche Probleme gehabt haben. Zumindest lag bei ihm entsprechende Literatur herum. So fing ich heimlich an, darin zu lesen. Das baute in mir ein pervertiertes Phantasiebild über Sexualität auf.

Mit dieser verdrehten Haltung ging ich dann in die Ehe. In den Jahren zuvor hatte ich mich nicht getraut, Brigitte mit meinen speziellen Wünschen zu kommen, jetzt aber überflutete ich sie mit Reizwäsche und stellte Forderungen, wie sie in Pornoheften dargestellt wurden.

Brigitte war entsetzt, fühlte sich angeekelt. Um mir einen Gefallen zu tun, versuchte sie auf mich einzugehen. Doch was ich von ihr forderte, war zuviel. Sie verzweifelte. Hinzu kam, daß ich nicht offen über meine Erwartungen sprechen konnte. Als sie dann pornographische Schriften und Reizwäsche bei mir entdeckte, war sie am Ende.

Ich suchte ein seelsorgerliches Beratungsgespräch und versprach Brigitte, alles wegzuwerfen. Doch es war nur ein halber Schritt und kam nicht aus dem Herzen heraus, sondern lediglich aus dem Kopf. Der inneren Leidenschaft hatte ich nicht abgesagt. Außerdem hielt ich noch ein paar Kleidungsstücke versteckt.

Die Schwierigkeiten wurden nicht geringer. Sie wurden größer. Bei einem Missionseinsatz auf den Philippinen kam es dann zum Höhepunkt.

Brigitte:
Ich war wohl ein ziemlich naives Mädchen. Ich wußte einfach nicht, daß es im sexuellen Bereich so viele Abartigkeiten gibt. Und daß Wolfgang damit etwas zu tun haben könnte, hat mich tief enttäuscht.

Dabei kannte ich am Anfang unserer Beziehung überhaupt keine Hemmungen. Ich freute mich, mit Wolfgang geschlechtlich zusammen zu sein, und stellte mich bestimmt nicht dumm an. Aber als dann diese unmöglichen Anspielungen kamen – da konnte ich nicht mit ...

Ganz schlimm war's, als ich die Kataloge für Reizwäsche entdeckte.

„Bin ich ihm denn nicht gut genug, daß er so etwas braucht?" fragte ich mich. „Kann er denn nicht sagen, wenn er im sexuellen Bereich etwas bei mir vermißt? Aber dieses Hintenherum, das ist ja eklig!"

Seine Haltung verletzte mein Ehrgefühl und machte mich

ziemlich kaputt. Versuchte ich das Thema auf den Tisch zu bringen, wich er aus.

Als Wolfgang dann endlich ein Beratungsgespräch suchte, war ich erleichtert. „Jetzt kommt alles in Ordnung!“ freute ich mich.

Um so größer war die Enttäuschung, als ich dann doch wieder Reizwäsche in seinem Koffer entdeckte. Und das ausgerechnet bei einem Missionseinsatz auf den Philippinen!

Für mich brach eine Welt zusammen. Der Vertrauensbruch war zu groß. Ich wollte abreisen, wollte mich von Wolfgang trennen und nicht mehr mit ihm zusammenleben.

Mit keinem Menschen wagte ich, über meine Not zu sprechen. Wir waren doch leitende Mitarbeiter! „Ich kann doch nicht mit so einem Problem zu den anderen gehen. Was für eine Schande!“

Glücklicherweise bemerkte das Leiterehepaar unsere Schwierigkeiten. Das war ja auch nicht schwer zu entdecken bei den Gesichtern, mit denen wir herumliefen!

Es kam zu einem offenen Gespräch. Das Ehepaar ging gründlich vor. Wolfgang mußte alles aus der Vergangenheit in meiner Gegenwart bekennen. Er lag auf den Knien und bekannte schluchzend seine Schuld ...

Für mich war es schwer zuzuhören. Aber Gott ist gnädig. Heute kann ich mich kaum an die Einzelheiten dieser Beichte erinnern. Es ist alles weg!

Aber diese praktizierte Offenheit war für uns beide sehr wichtig und heilsam, wenn auch schmerzhaft. Für mich war es nötig, Wolfgangs Bereitschaft zu sehen, sich zu demütigen und seine Schuld rückhaltlos zu bekennen. Für ihn war bedeutsam, nun endlich keine Geheimnisse mehr vor mir haben zu müssen.

Wir vergaben einander und nahmen die Vergebung Jesu in Anspruch. Ich malte mir aus, was die Entscheidung, mich von Wolfgang zu trennen, letztlich an Konsequenzen mit sich gebracht hätte. So fiel es mir nicht schwer, davon Abstand zu nehmen und meinen Mann neu zu akzeptieren.

Wolfgang:
Für mich war dieses Vierergespräch überaus demütigend. Ich hätte es niemals fertiggebracht, diese Dinge Brigitte ins Gesicht zu bekennen. Aber so habe ich sie Jesus gebeichtet, und es war gut, daß Brigitte als Zeugin dabei war.

Diesmal war es ein Schritt, der von Herzen kam. Fortan habe ich mich gehütet, pornographische Reize auf mich zukommen zu lassen. Das erforderte eine eiserne Entschlossenheit. In diesem Zusammenhang hinterfragte ich zum ersten Mal bewußt meine sexuellen Vorstellungen und Wünsche. „Was ist denn eigentlich erlaubt und was nicht?“

Sicherheitshalber schraubte ich meine geschlechtlichen Wünsche total zurück und ging auf die Suche nach einer reinen, sexuellen Vorstellung. Wenn ich mit Männern zusammenkam, zu denen ich Vertrauen fassen konnte, nahm ich all meinen Mut zusammen – manchmal mußte ich fünf Anläufe nehmen – und fragte sie ganz konkret, wie sie es praktizierten und was sie für akzeptabel hielten. Das half mir, mein Denken Schritt für Schritt zu erneuern.

Als nächstes mußte ich es lernen, offen mit Brigitte zu sprechen. Um ganz ehrlich zu sein, das fällt mir heute noch schwer. Ich habe einfach Angst davor, wieder Fehler zu machen. Das aufrichtige Gespräch in diesem Bereich muß noch mehr geübt werden. Aber wir haben jetzt die richtige Basis gefunden und können einander vertrauen. Damit werden wir es schaffen.

Eine verletzte Seele kann nicht lieben

In der Seelsorge wurden mein Haß, meine Herrschsucht, meine Rechthaberei und meine Ablehnung aufgedeckt. Im Namen Jesu konnte ich mich davon lösen und Heilung empfangen. Ich bin ein neuer Mensch geworden. Mein verformter Charakter ist stabiler geworden, und ich glaube, Jesus wird noch viel mehr tun.

Klaus und Harriet Petri

Klaus, 50 Jahre, Ingenieur

Harriet, 45 Jahre, Krankenschwester, jetzt Mutter und Hausfrau

drei Kinder, 23, 21, 20 Jahre

Das Wetter im Bayrischen Wald zeigte sich von seiner besten Seite. Klaus und Harriet wollten ein wenig ausspannen, bevor sie in der Familienwoche in Schloßau als Mitarbeiter gefordert waren. Sie verbrachten einige harmonische Urlaubstage, doch dann passierte etwas, womit keiner gerechnet hatte.

Ihr Ausflugsziel war der Hohe Arber, der höchste Berg des Bayrischen Waldes. Mit der Seilbahn fuhren sie hinauf zum Gipfelplateau. Von dort mußte man noch ein Stück laufen, um das Gipfelkreuz zu erreichen.

„Komm, laß uns einen Rundgang machen und schauen, wie die Aussicht am Gipfelkreuz ist!" forderte Klaus seine Frau auf.

„Nein, ich habe keine Lust, und außerdem habe ich nicht die richtigen Schuhe an. Geh lieber allein!"

Klaus schluckte seine Enttäuschung hinunter und machte sich wortlos auf den Weg. Herrlich, diese Aussicht! Bis in die Tschechoslowakei hinein konnte er die Täler und Höhen überblicken. Trotzdem konnte Klaus die Schönheit nicht richtig genießen. Die Reaktion seiner Frau wurmte ihn.

Bei der Abfahrt schnitt er das Thema noch einmal an: „Es war sehr schön dort oben. Du hast wirklich etwas verpaßt. Aber, in Ordnung, ich will es vergessen und nicht mehr darüber reden."

Sie stiegen ins Auto und fuhren hinunter ins Tal. Die klare Luft auf dem Berggipfel hatte so gut getan, und jetzt drückte eine stickige, schwüle Wärme. Trotz aller guten Vorsätze kamen die negativen Gedanken wieder: „Warum ist Harriet nicht auf meinen Vorschlag eingegangen und hat sich dieses Erlebnis entgehen lassen?" Eine vorwurfsvolle Bemerkung von Klaus, eine bissige Antwort von Harriet, und die Harmonie war schlagartig verschwunden. Schweigend fuhren sie in Richtung Regen.

„Wollen wir uns nicht dort unten ans Wasser legen und ein wenig ausruhen?" Harriet versuchte die Spannung zu entkrampfen und zeigte auf ein Flüßchen, das sich durch die Wiesen schlängelte.

„Nee. Keine Lust! Ich will in die Pension und mich dort hinlegen." Gereizt von der vorangegangenen Auseinandersetzung, wollte Klaus nicht auf ihren Vorschlag eingehen.

„Dann steige ich aus!"

Diese Worte trafen ihn wie ein Keulenschlag.

„Das darf doch nicht wahr sein!" schoß es ihm durch den Kopf. „Sie verhält sich ja wie früher!"

Verwirrt und verbittert trat Klaus auf die Bremse und öffnete die Wagentür: „Bitte schön!"

„Für diese Szene trägt Harriet ganz allein die Schuld. Soll sie doch sehen, wie sie da wieder herauskommt! Hätte ich etwa bitte, bitte sagen und nachgeben sollen?" Klaus fühlte sich im Recht und fuhr allein ins Quartier.

Nach ein, zwei Stunden schlug ihm das Gewissen. „So ganz richtig war es wohl doch nicht, wie ich mich da verhalten habe", mußte er sich eingestehen. Kurz entschlossen stieg er ins Auto und begann, Harriet zu suchen. Alle möglichen Plätze fuhr er ab, den Marktplatz, einige Flußstellen, das Freibad. Dann wieder zurück ins Quartier. Harriet war nicht zu finden.

Die Angst packte ihn. „Wo steckt sie nur? Braucht sie vielleicht Hilfe? Wird sie sich etwas antun wollen wie früher schon einmal?"

„O Herr, hilf uns! Du weißt alles. Du weißt, wo Harriet jetzt ist. Vergib mir, ich brauche deine Hilfe!"

Klaus schlug die Bibel auf und las: „Denn es sollen wohl Berge weichen und Hügel hinfallen, aber meine Gnade soll nicht von dir weichen, und der Bund meines Friedens soll nicht hinfallen, spricht der Herr, dein Erbarmer."

Ihm war, als wenn Gott ihm durch diesen Bibelvers direkt antworten wollte. Klaus bekannte seine Schuld, Harriet schutzlos zurückgelassen zu haben. Bald war er sich der Vergebung Gottes bewußt, und ein tiefer Frieden erfüllte sein Herz. Im Gebet stellte er Harriet unter den Schutz des Blutes Jesu und wies in seinem Namen alle bösen Mächte zurück.

In der Zwischenzeit saß Harriet auf ihrem Kissen am Wasser. Eigentlich war es recht gemütlich dort. Trotzdem war ihr nicht so recht wohl. Wie ein nasser Nebel packte sie die Verlorenheit. Sie fühlte sich bösen Gedanken und zerstörerischen Mächten ausgeliefert.

„Es hat doch alles keinen Sinn mit unserer Ehe! Was wollen wir eigentlich als Mitarbeiter auf einer Familienfreizeit, wenn wir selbst nicht miteinander klarkommen?"

Versuchungen, von denen sie gemeint hatte, sie längst besiegt zu haben, packten sie wieder. „Was guckt der junge Mann auf dem Trecker immer so zu mir herüber?"

„Wenn Klaus dich so im Stich läßt, warum gehst du nicht mit ihm ins Eiskaffee und machst dir einen schönen Abend?"

„Ach, Quatsch. Diese Zeiten sind doch längst vorbei!"

„Und was ist mit der Brücke? Spring doch runter, dann ist all dein Kummer vorbei!"

Harriet wurde es ungemütlich. Unruhig rutschte sie hin und her. Plötzlich jedoch bekam sie einen klaren Kopf und konnte wieder beten und die geistlichen Bedrohungen von sich weisen. Entschlossen stand sie auf und machte sich auf den Weg zu ihrem Quartier.

Als sich die beiden am nächsten Morgen aussprachen und versöhnten, stellten sie erstaunt fest, daß Harriet genau zu der Zeit die Kraft zum Überwinden bekam, als Klaus Buße tat und sie unter den Schutz des Blutes Jesu stellte.

„Nie wieder, egal, was geschieht, werde ich dir diesen geistlichen Schutz entziehen, so daß finstere Mächte dich in diesem Ausmaß angreifen können", versprach Klaus.

„Und ich werde aufpassen, daß solch eine Situation erst gar nicht wieder zustande kommen kann", nahm sich Harriet vor.

Wie mir die beiden berichteten, hatten sie 19 Jahre ihrer Ehe – ähnlich wie im Bayrischen Wald – miteinander gestritten und gekämpft. Nachdem sie Jesus begegnet waren, begann ein seelischer Heilungsprozeß. Stabilität kam in ihre Ehe.

Dies war nun nach Jahren ein Rückfall, der ihnen erneut zeigte, wozu sie fähig waren, wenn sie sich aus dem Schutz Gottes begaben, und wie massiv die Hilfe Jesu sein kann, wenn man Buße tut und auf ihn vertraut.
Obwohl die beiden sich liebten und sich auch Gutes tun wollten, ihre Ehe war immer beeinträchtigt durch die seelischen Verletzungen, die Harriet aus ihrer Vergangenheit mitbrachte.
Wer ihre traumatische Kindheits- und Jugenderlebnisse kennt und dann ihre jetzige Ehe beobachtet, muß zugeben, daß ein Heilungswunder geschehen ist.

Harriet:
Als meine Mutter merkte, daß sie mit mir schwanger war, saß sie viele Male an der Memel und wollte sich ins Wasser stürzen, einfach, um der „Schande“ zu entgehen. Erst im vierten Monat gestand sie es ihren Eltern und erlebte wider Erwarten Annahme und Verständnis. Der Freund meiner Mutter (mein Vater) fiel im Krieg, bevor ich geboren wurde.

Meine Großeltern nahmen mich wie ihr eigenes Kind auf, und ich durfte die ersten zweieinhalb Jahre bei ihnen verbringen. Als meine Mutter 1943 heiratete, wurde ich sofort adoptiert, denn mein neuer Vater war sehr kinderlieb. 1944 wurde meine Schwester Doris geboren. Auch sie lernte nie ihren Vater kennen, weil er an die Front mußte und von dort als vermißt gemeldet wurde.

Im Sommer des gleichen Jahres mußte meine Mutter mit uns beiden aus Tilsit flüchten. Auf einem Bauernhof kamen wir unter. Als Flüchtlingskind fühlte ich mich immer abgelehnt. Die Bauernkinder hatten alles, ich besaß nichts. Nur zugucken durfte ich, aber nichts anfassen. Zu Hause spürte ich, wie meine Schwester vorgezogen wurde. Mutti kleidete sie hübscher und drehte ihr Locken. Die Verwandten schickten Pakete an Doris. Ich ging leer aus und wußte nicht, warum.

1948 kam ich in die Dorfschule. Ich war sehr fleißig und

stolz, als mein Lehrer Mutti erklärte, ich wäre die Beste in der Klasse. Aber warum lobte sie mich nie? Warum nahm sie mich niemals in den Arm? Ich strengte mich so sehr an, ich putzte das Haus, ich ging einkaufen, ich stopfte die Socken ... aber nie hörte ich ein Wort des Lobes aus ihrem Munde. Meine Liebe holte ich bei Oma und Opa, die mich sehr verwöhnten.

Als mein neuer Stiefvater auftauchte und mit Mutti anbändelte, war ich auf der Hut. Er wollte Mutti heiraten, aber uns lieber „im Dreck ersäufen", hörte ich ihn sagen. Mein Bruder Reimar war bereits unterwegs. So heiratete meine Mutter trotz großer Zankereien und sogar Schlägen den zehn Jahre älteren Unhold.

Jetzt begann eine schlimme Zeit. Obwohl Doris und ich zu den Bauersleuten ausweichen konnten, mußten wir viel Streit und Gewalttätigkeit miterleben. Oftmals trat ich dazwischen und mußte dann selbst Prügel und Fußtritte einstecken.

Nachdem Reimar geboren war, lag Mutti nierenkrank im Bett, und ich mußte das Baby voll verantwortlich versorgen. Wenn Reimar weinte, hieß es: „Rita, das Kind schreit!" Ich sprang und versuchte zu helfen.

Oft war ich mit Kinderwagen und Ziege unterwegs, weil beide versorgt werden mußten. Wollte ich einmal ungestört sein, kam ich nach der Schule einfach erst abends nach Hause, wo mich dann eine Tracht Prügel erwartete. „Dein Platz ist auf dem Friedhof!" wurde ich dann angeschrien.

Ich war voller Haß gegen meinen Stiefvater. Ja, ich träumte davon, daß mein richtiger Vater doch noch aus dem Krieg zurückkäme, woraufhin ich den Rohling an einem Strick aufhängen wollte. Mein größter Wunsch war, mit meiner Mutter wegzulaufen, oder daß sie sich endlich scheiden ließe.

Aber sie blieben zusammen, und wir zogen von dem Bauerndorf in eine Kleinstadt. Dort wohnten wir einsam am Waldesrand. Ich hatte kaum Kontakt zu anderen Kindern und fühlte mich total abgelehnt. In der Schule war ich mit bei den Besten. Ich wollte immer glänzen, um Liebe zu erheischen.

Wenn wir, das heißt Mutti, Doris und ich, geschlagen wurden, hörte es niemand, so laut ich auch schrie. Höchstens mal ein verliebtes Kurgastpaar, das bei uns vorbeischlenderte. Mein einziger Ausweg war Weglaufen – hin zu meinen Großeltern. Dort durfte ich immer aufkreuzen, auch nachts. Ich liebte es, mich in Omas Bett einzukuscheln, um ihr ganz nahe zu sein.

Zu Hause herrschte ständig Streit und Terror. Einmal schlug mich mein Stiefvater so blutig, daß ich glaubte, mein Auge zu verlieren. Blutüberströmt rannte ich die zwei Kilometer zu meinen Großeltern, mein Stiefvater immer hinter mir her. Großvater sah, wie ich zugerichtet war, packte den wutschnaubenden Mann am Kragen und stieß ihn aus seinem Haus hinaus.

Als ich zwölf Jahre alt war, bekehrte sich meine Mutter bei einer Evangelisation und wurde völlig verwandelt. Sie war voller Vergebung ihrem Mann gegenüber und voller Liebe zu uns. Nun sprach Mutti auch mit mir ganz offen über meine Herkunft und über das, was sie damals erlitten hatte. Meine Bitte, sich scheiden zu lassen, stieß jetzt erst recht auf taube Ohren.

Mein Haß gegen meinen Stiefvater steigerte sich ins Unerträgliche. Ich konnte die Vergebungsbereitschaft meiner Mutter nicht verstehen. Am Tag bekam sie Hiebe, und abends im Bett wollte er Liebe. Wie brachte sie es nur fertig, ihm immer wieder zu vergeben?

„Nie will ich so werden wie meine Mutter! Nie werde ich so etwas vergeben, nie, nie!" schwörte ich mit geballten Fäusten, wenn ich abends im Bett lag und über mir die Dielen des Schlafzimmers knarren hörte.

Als vier Jahre später Mutti bei der Geburt ihres vierten Kindes plötzlich verstarb, lief ich wie von Sinnen nachts durch den Wald und wollte mich umbringen. Schließlich landete ich bei Oma, die ich auf den Knien vorfand. Sie betete für mich. Sie wußte schon vom Tod ihrer Tochter und hatte große Angst um mich. Ich wurde psychisch krank, bekam Magengeschwüre, erbrach nach jedem Essen und magerte stark ab.

Sobald ich achtzehn war, verließ ich meine Familie und strebte meinen Traumberuf an: zuerst Krankenschwester, dann Kinderärztin. Ich begann als Hilfsschwester in einer psychiatrischen Klinik, um Geld für die Medizinische Fachschule zu verdienen.

Hungernd nach Liebe, verknallte ich mich in einen Patienten. Ich wollte etwas erleben und gab mich diesem jungen Mann völlig hin. Er war nett zu mir, machte mir Geschenke und ging mit mir zum Tanzen. Alles mußte heimlich geschehen, die Leitung der Klinik durfte nichts erfahren. Als es dann doch herauskam, gestand er mir, er sei verlobt. Mir war, als bräche mein Herz in tausend Scherben. Ich nahm eine Menge Schlaftabletten, aber es waren zu wenig. In mir war alles erstarrt. Ich trieb mich in Kneipen herum, bändelte mit Männern an, obwohl sie mich alle anekelten. Es ging immer mehr bergab.

Endlich wurde ich in der Fachschule für Medizin angenommen. Ich lernte und lernte, um mein Examen mit „sehr gut" zu bestehen. Doch dadurch war ich völlig überfordert und fiel in tiefe Depressionen. Wieder schluckte ich Schlaftabletten, diesmal gleich dreißig Stück. Man fand mich jedoch wieder rechtzeitig und pumpte mir auf der naheliegenden Station den Magen aus.

Mit zwanzig Jahren lernte ich Klaus, meinen jetzigen Mann, kennen. Wieder war es „Liebe auf den ersten Blick". Wir verlobten uns, und es schien ein tolles Glück zu sein. Einige Monate nach unserer Trauung kam unser erster Sohn Karsten zur Welt, danach Heike und Frank. Allen erzählte ich, ich hätte den besten Mann der Welt, dennoch kam es häufig zu heftigen Streitereien. Schließlich war unser Eheleben ein endloser Machtkampf.

Obwohl Klaus und Harriet einander aufrichtig liebten, kam es immer wieder zu Spannungen, die sie nicht in den Griff bekamen. Klaus war in einem Geschäftshaushalt behütet aufgewachsen. Selbst die Großeltern wohnten mit im Haus. Die ganze Familie lebte in Eintracht und Harmonie. Geschrei und Wutausbrüche kannte er nicht, aber auch Gefühle der Zuneigung wurden nicht besonders geäußert. Über Probleme wurde erst recht nicht gesprochen. So war er bei den Streitereien mit Harriet unfähig, sich zu äußern und Auseinandersetzungen verbal durchzustehen. Er konnte sich gar nicht vorstellen, die Attacken seiner Frau könnten etwas mit ihren seelischen Verletzungen aus der Vergangenheit zu tun haben.
Harriets großes Problem war, sich von fast allen Menschen abgelehnt zu fühlen. Gegen Männer hegte sie eine tiefe Verachtung, was sich in Herrschsucht, aber auch in sexuellen Schwierigkeiten äußerte – und das nun schon 19 Jahre lang, ohne daß es ihr bewußt wurde oder sie etwas daran ändern konnte.

Harriet:
Irgendwo wußte ich in meinem Herzen: ich habe Klaus lieb, und er hat auch mich lieb. Aber ich konnte überhaupt keine Liebe annehmen und erst recht nicht meine Empfindungen äußern. Ich wollte es auch nicht. Irgend etwas war in mir verklemmt und voller Widersprüche.

Klaus war ganz anders als ich, und immer hatte ich etwas an ihm auszusetzen. Ich wollte ihn beeinflussen und so verändern, wie ich ihn mir vorstellte. Aber dann kamen auch Gedanken wie: „Eigentlich will ich überhaupt keinen Mann, ich will nur ein Kind. Bloß nicht heiraten und von einem Mann abhängig sein!“

Mit Männern hatte ich – abgesehen von meinem Opa – ja nur schlechte Erfahrungen gemacht. „Die sind doch alle gleich“, dachte ich. „Und wenn schon ein Mann, dann lasse ich mich nicht unterbuttern, dann werde ich das

Sagen haben!" Mit dieser Haltung ging ich in die Ehe.

Klaus war für mich ein grüner Junge. Viel zu lieb war er zu mir. Was ich suchte, war eine Vaterfigur, eine Persönlichkeit, die mich in den Arm nahm, die mich spüren ließ: ich bin stark, ich führe dich.

Klaus war zu nachgiebig. Er setzte sich einfach nicht durch und richtete sich zu sehr nach mir. Ich stritt mit ihm, schimpfte mit ihm, geriet in Raserei, und doch hätte ich es mir so sehr gewünscht, er würde sich mal so richtig mit mir zanken, mich mal anschreien und zur Vernunft bringen. Aber nein, das tat er nicht. Und diese seine Gelassenheit brachte mich zur Weißglut. Ich weiß, einmal lief ich davon und blieb bis in die Nacht weg. Eigentlich wollte ich ihn nur ärgern, damit er endlich einmal aus der Haut fahre. Die halbe Nacht stand ich auf dem Boden, lauschte und wartete nur darauf, daß er verrückt spielte. Aber er reagierte nicht so, wie ich es mir gewünscht hatte.

Klaus kam sich total hilflos vor. Was er auch sagte, was er auch tat – er wurde abgelehnt. Von seinem Zuhause war er Geborgenheit und Ruhe gewohnt, und jetzt solche Gefühlsausbrüche!

Klaus:
Ich war unfähig, mich richtig auszudrücken. Ich brachte es einfach nicht fertig. Schon vor der Heirat fuhr Harriet mich an: „Du liebst mich überhaupt nicht richtig!" oder: „Du heiratest mich ja nur, weil ein Baby unterwegs ist!" Ich verstand diese Vorwürfe nicht und wußte auch gar nichts darauf zu antworten. Dabei war ich so stolz, Vater zu werden. Für mich war es das Allerschönste, ein Kind zu haben.

Bei den Streitereien – meist ging es um Kleinigkeiten – zog ich bald den Kopf ein. Ich versuchte es immer mit den Worten: „Was ist denn nur los? Sei doch wieder lieb! Wir haben uns doch gern, oder nicht?"

Nach kurzem Eheglück sah es in mir miserabel aus. Ich verstand die Welt nicht mehr und versank in eine tiefe Ratlosigkeit und Hoffnungslosigkeit. Zum Schluß überließ ich Harriet die ganze Führung der Familie.

Unser Zusammenhalt waren nur die Kinder. Letztlich drehte sich unser ganzes Leben um sie. „Sie sollen ein gutes Elternhaus haben!" Das war unser beider Wunsch, und das ist uns, was die Kinder betrifft, auch gelungen. Die drei werden erstaunt sein, wenn sie erfahren, wie sich ihre Eltern das Leben zur Hölle gemacht haben.

Jedes Jahr fuhren wir mit ihnen in Urlaub. Ich nahm mir Zeit für sie, wir bastelten und strolchten durch den Wald. Aber ich war für sie lediglich ein guter Kumpel. Erzogen hat sie Harriet, so wie sie auch die anderen Entscheidungen traf. Ich mischte mich nicht mehr ein, erstens, um Auseinandersetzungen aus dem Weg zu gehen, und zweitens, weil es letztlich viel bequemer war.

Harriet war sich gar nicht bewußt, daß sie schon längst gewonnen hatte. Für sie war der Kampf nie zu Ende. Immer war sie in Abwehrstellung. Das zeigte sich auch auf dem Gebiet der Sexualität.

Harriet:

Sexualität hatte ich immer abgelehnt. Das war in meinen Augen widerwärtig, etwas, was man dem Mann zuliebe machen mußte. Wie wir zu drei Kindern gekommen sind, ist mir beinahe ein Rätsel. Es war nur mit Alkohol möglich.

Wie hatte ich es auch zu Hause mitbekommen: tagsüber wurde meine Mutter geschlagen, und abends hörte ich, wie sie und mein Stiefvater über mir im Schlafzimmer zugange waren. Schläge, Tyrannei, Sexualität – irgendwie gehörte das für mich zusammen. Dabei ging etwas in mir kaputt. Ich entwickelte eine regelrechte Abscheu gegen alles, was mit Sexualität zusammenhing.

Den Begriff *Ablehnung* kannte ich damals nicht. Ich wußte nur, daß ich gewisse Menschen nicht ertragen konnte. Entdeckte ich bestimmte Eigenarten bei meinem Mann, bei den

Kindern oder anderen Leuten, ließ ich sofort die Jalousien herunter und fühlte mich ausgeschlossen und mißverstanden. Hatte Klaus etwas versprochen zu tun, und er vergaß es ohne böse Absicht, kam bei mir sofort der Gedanke: „Er will dich ärgern. Er mag dich sowieso nicht!" Oder wollte ich mich zu einer Gruppe in den Kreis setzen, und sie beachteten mich nicht gleich, stellte sich sofort das Gefühl der Ablehnung ein, und ich dachte: „Die mögen dich ja doch nicht. Am liebsten ginge ich wieder raus, ich mag sie auch nicht."

Wie kann einem Menschen, der in solchen seelischen Nöten steckt, geholfen werden?
Als sich dann auch noch Depressionen einstellten, suchte Harriet einen Psychiater auf. Dem erzählte sie ihr ganzes Leben und vor allem den Wunsch, endlich inneren Frieden zu finden. Der Arzt deckte auf, was falsch gelaufen war, und verschrieb ihr autogenes Training und Beruhigungstabletten.

Harriet:
Er gab mir eine Tonbandkassette mit, die ich mir anhören sollte. „Ich bin ganz ruhig. Mein Arm wird warm. Mein Herz schlägt langsamer", sollte ich mir vorsagen. Das funktionierte aber nicht, ich war viel zu kribbelig. Damals war ich so verzweifelt, daß ich mich mit Selbstmordgedanken trug. Die Kinder waren groß, unser Jüngster bereits zwölf Jahre, und ich sah keinen Sinn in meinem Leben. Keiner verstand mich. Eine Lebererkrankung, die ich mir vor Jahren zugezogen hatte, war dermaßen schlimm geworden, daß ich berufsunfähig wurde. Ich selbst war körperlich so schwach, daß ich mich schon dahinsiechen sah, wie ich es bei Leberpatienten im Krankenhaus erlebt hatte. Selbstmitleid, Angst und Verzweiflung waren meine täglichen Begleiter.

Ich erinnerte mich an einen Mann, der mir mit 18 Jahren aus der Hand gelesen und nur Böses prophezeit hatte. In meiner Angst glaubte ich, daß er den Tod für mich gesehen hatte.

Ich wollte nicht langsam an Leberzirrhose zugrunde gehen, dann lieber Selbstmord. Nur die Angst vor dem „Was kommt nach dem Tod?" hielt mich davor zurück.

Als dann das Janz-Team in unserer Stadt eine Evangelisation hielt, ging ich aus Neugierde hin. Die Worte des Redners trafen mich zutiefst, so daß ich nicht mehr hingehen wollte. Der Glaube meiner Mutter und deren Veränderung fiel mir ein, aber auch meine Kindheitsbekehrung. Doch an jedem Abend gegen 19 Uhr wurde ich unruhig, lief ziellos durch unser Haus und saß um 20 Uhr doch wieder unter Gottes Wort, das mich wie Keulenschläge traf. In mir tobte ein Kampf, verbunden mit der Sehnsucht, von aller Schuld und Belastung frei zu werden. Am letzten Abend brach meine Fassade zusammen. Jesus nahm mich an. Zentnerlasten fielen von mir ab, und ich erlebte eine ungeahnte, tiefe Freude.

Ein halbes Jahr später folgte Klaus seiner Frau auf dem Weg der Nachfolge Jesu und dann nach und nach alle drei Kinder, so daß jetzt die ganze Familie eines Sinnes ist. Jesus ist ihr Herr.

Seit 1980 sind Klaus und Harriet nun auf dem Weg der inneren Heilung von Verletzungen und falschen Erwartungen. Stück für Stück wurde durch gegenseitiges Vergeben ihre Beziehung geheilt. Doch nicht nur das, die körperliche Heilung der chronisch aggressiven Hepatitis war für Harriet wie auch für Klaus eine besondere Glaubensstärkung.

Bei einem Eheseminar mit Don Kirkby über den christlichen Ehemann und die christliche Ehefrau gingen ihnen das erste Mal die Augen dafür auf, wie Gottes Ordnungen für eine Ehe aussehen. Das biblische Zueinander von Mann und Frau faszinierte sie. Sie lasen viele Bücher, hörten Vortragskassetten und wollten alles richtig machen. Klaus nahm sich vor, endlich Familienandachten zu halten und die geistliche Führung seiner Familie in die Hand zu nehmen. Harriet bemühte sich, eine hingebungsvolle

Ehefrau zu sein. Theoretisch war ihnen ganz klar, wie es gehen sollte, aber in der Praxis klappte es nicht. Die alten Rollenmuster, die gegenseitigen Verletzungen, waren zu fest eingefahren.

Fast drei Jahre lang fuhren die beiden regelmäßig mit zu Eheseminaren und halfen bei organisatorischen Aufgaben. Jedesmal galt es, etwas Neues zu lernen. Jedesmal brachte ihnen Jesus ein Stück neue Heilung.

Harriet:

Einmal war das Thema „Ablehnung" dran. Der Referent sprach über Psalm 139 und erläuterte, daß manche Kinder schon im Mutterleib Ablehnung erfahren hätten, was sich als persönliche Verlusterfahrung im ganzen Leben bemerkbar machen kann, besonders wenn sich die Ablehnung in der Kindheit fortsetzt.

„Mensch, so ist doch dein Leben gelaufen!" dachte ich. „Ich habe mich immer abgelehnt gefühlt. Ist das der Grund, daß ich Klaus so oft ablehne, obwohl ich es gar nicht will?"

Als dann der Referent diejenigen, die sich angesprochen fühlten, aufforderte, zum Gebet aufzustehen, war ich sofort dabei. Im Einzelgespräch konnte ich einige Zusammenhänge entdecken. Ich war in der Lage, meiner Mutter zu vergeben, und befahl diesem „Geist der Ablehnung", der sich in meiner Persönlichkeit festgesetzt hatte, im Namen Jesu zu weichen. Das war ein Triumph über die Vergangenheit. Ich merkte es in den Monaten darauf. Die Beziehung zu Klaus und den Kindern wurde anders. Ich konnte liebevoller, geduldiger und verständnisvoller auf sie eingehen. Das sind alles Eigenschaften, die wohl jeder normale Mensch hat, die aber bei mir zerstört waren.

Nach wie vor ist Ablehnung für mich noch ein empfindlicher Bereich. Ich darf keine negativen Gedanken zulassen und muß mich immer wieder entscheiden, zu vergeben und nicht nachzutragen. Im Kopf gelingt es schon recht gut, meine Gefühle ziehen jedoch nicht immer gleich mit, aber auch das bekomme ich mit der Hilfe Jesu zunehmend in den Griff.

Meinem Stiefvater zu vergeben, wollte mir lange Zeit nicht gelingen. Der Haß gegen ihn und damit auch eine grundsätzliche Haltung der Unversöhnlichkeit saßen tief. Bis mir dann der Heilige Geist klarmachte, daß ich unter einem Fluch stand, den ich selbst ausgesprochen hatte. „Nie, nie werde ich so etwas vergeben!" hatte ich als Teenager in meinem Haß geschworen. Auch von diesem Fluch habe ich mich gelöst, Jesus hat mich davon befreit. Und ich war erstaunt, wie schnell ich plötzlich anderen, insbesondere Klaus, vergeben konnte.

Wir konnten einander neu annehmen, Vergebung war möglich, und auch das Gefühl der Ablehnung wich mehr und mehr. Plötzlich war Sexualität für uns beide kein Problem mehr. Darüber staune ich selbst. Auch dieser Bereich unserer Ehe ist ganz neu geworden. Wir verstehen jetzt, einander anzunehmen, so wie wir sind. Keiner stellt Forderungen, keiner muß etwas leisten, und das hat uns viel näher zueinander gebracht.

Für Klaus und Harriet gab es jedoch noch eine wichtige Lektion zu lernen, nämlich das biblische Zusammenleben von Mann und Frau in der Ehe. Aufgrund ihrer Verletzungen hatte Harriet eine zerstörerische Dominanz über Klaus ausgeübt, anstatt ihm eine Ergänzung und Hilfe zu sein. Weil Klaus sich nicht durchzusetzen verstand und es auch gar nicht seinem Typ entsprach, hatte er die Berufung des Mannes als geistlicher Führer und Schutz seiner Familie nicht wahrgenommen. Das hatten sie nun schon neunzehn Jahre falsch eingeübt und konnten es nicht einfach über Nacht ändern.

Wachsen aber in einer Ehe wieder Wertschätzung und Vergebungsbereitschaft, fällt es der Frau zunehmend leichter, ihrem Mann als Ergänzung und Hilfe zur Seite zu stehen. Gleichzeitig wird der Mann ermutigt, Hingabe und Leiterschaft zu praktizieren. So war es auch bei Klaus und Harriet.

Klaus:
Nachdem Harriet so viele Jahre lang in unserer Familie das Ruder in der Hand gehabt hatte, war es für mich äußerst schwierig, sie darin abzulösen. Harriet wollte mir zur Seite stehen, und ich wollte mich für meine Familie einsetzen und Verantwortung übernehmen.

Natürlich besprechen wir alles gemeinsam. Im Gegensatz zu früher versuchen wir allerdings mehr herauszuhören, was der andere gern hätte. Wir können besser Rücksicht aufeinander nehmen und verzichten. Aber es gibt auch Situationen, da merke ich: jetzt mußt du eine endgültige Entscheidung treffen. Das fällt mir schwer, weil ich von Natur aus dazu neige, endlos zu überlegen und zu grübeln.

An einem Beispiel habe ich das ganz deutlich gemerkt: Es ging darum, welcher Gemeinde wir uns anschließen sollten. Wir sprachen miteinander, beteten miteinander und schrieben das Für und Wider auf. Das Ganze zog sich etwa ein halbes Jahr hin. Wir konnten uns nicht entscheiden, bis ich endlich sagte: „So, ich gehe jetzt in die ...Gemeinde!" Und Harriet erwiderte: „Dann komme ich mit." Nachdem wir alles durchgesprochen hatten, hatte sie letztlich nur darauf gewartet, daß ich einen endgültigen Entschluß zum Besten unserer Familie fassen würde.

Früher hätte Harriet ganz anders reagiert. Aufgrund ihrer seelischen Verletzungen hätte sie die Entscheidung ihres Mannes als Bevormundung und Unterdrückung empfunden. Jetzt, da sie frei davon ist und weiß, daß Klaus nur ihr Bestes will und seine Entscheidungen zum Wohl der Familie sind, kann sie sich ihm anvertrauen und endlich in dem Frieden leben, nach dem sie sich schon immer gesehnt hatte.

Harriet:
In der Seelsorge wurden mein Haß, meine Herrschsucht, meine Rechthaberei und meine Ablehnung aufgedeckt. Im Namen Jesu konnte ich mich davon lösen und Heilung empfangen. Ich bin ein neuer Mensch geworden. Mein verbogener Charakter ist stabiler geworden, und ich glaube, Jesus wird noch viel mehr an mir tun. Er hat mein Herz mit Liebe und Verständnis für kaputte Familien gefüllt, die ähnliche Probleme haben wie wir und keinen Ausweg sehen.

Erzählen, bis es keine Geheimnisse mehr gibt ...

Mit Zittern und Zagen deckten wir unsere Gefühle, Sehnsüchte und Ängste auf und klammerten auch die Zeit vor der Ehe nicht aus.
Wir staunten, wie tief uns Gott mit Frieden und gegenseitigem Verständnis erfüllte. Es kam überhaupt keine Bitterkeit auf. Vergebung war möglich.

Urs und Ursula Meili-Bühler
Urs, 43 Jahre, Facharzt für Innere Medizin (Lungenkrankheiten)
Ursula, 39 Jahre, Krankenschwester, jetzt Hausfrau und Mutter, Mithilfe in der Praxis
zwei Kinder, 11 und 14 1/2 Jahre

Was, meinen Sie, ist das Problem Nummer eins zwischen Ehepartnern?

Falsch geraten!

Es ist weder Sex noch Geld noch Kindererziehung – obwohl diese Probleme sehr schwer wiegen können: es ist das fehlende Gespräch.

Eine Umfrage in der Schweiz brachte dieses Ergebnis zutage. Ehepaare sprechen im Durchschnitt noch nicht einmal 10 Minuten pro Tag miteinander. Und wenn sie doch miteinander sprechen, mißverstehen sie sich gründlich. Sich richtig mitzuteilen, ist eine Kunst, die erlernt werden muß.

Sind Sie nicht bereit, genügend Zeit, Aufmerksamkeit und Veränderungsbereitschaft in die Gespräche mit Ihrem Ehepartner zu investieren, beschwören Sie den Ehetod auf Raten herauf. Kommunikation ist nun einmal das Rückgrat einer funktionierenden Ehe!

Jedes Paar, das seine Kommunikation vertiefen möchte, muß gewisse Prioritäten in der Zeiteinteilung setzen und zu Lernschritten in der Gesprächsführung bereit sein.

Ausgerechnet in der Schweiz stieß ich auf ein Ehepaar, das mich durch die Art seiner Kommunikation beeindruckte. Nur selten begegne ich Menschen, die so offen und aufrichtig miteinander umzugehen verstehen.

Ich möchte Sie an diesem Gespräch teilnehmen lassen, das ich mit Urs und Ursula Meili-Bühler geführt habe.

Wie sind Sie dazu gekommen, gezielt an Ihrer Kommunikation zu arbeiten?

Urs: Eigentlich haben wir von Anfang an versucht, das Gespräch zu pflegen. Wir waren beide Christen, als wir heirateten. Das war ein großer Vorteil, möchte ich sagen. Dadurch haben wir manche Stürme besser überstanden.

Jetzt sind es 17 Jahre, daß wir verheiratet sind. Wenn ich so zurückdenke, glaube ich, in den ersten zwei, drei Ehejahren gab es in dieser Hinsicht überhaupt keine Schwierigkeiten. Ich hatte eine gute Stelle in der Pathologie und kam regelmäßig um fünf nach Hause. So blieb genügend Zeit am Abend zum Austausch mit meiner Frau.

Aber dann wechselte ich die Stelle und wurde an ein anderes Krankenhaus versetzt. Dort arbeitete ich von morgens früh bis abends spät und oftmals noch nachts. Ehe wir uns versehen hatten, tauchten Probleme auf. Nicht plötzlich, aber Schritt für Schritt.

Ich ging in meinem Beruf auf, und Ursula begann mehr und mehr ihr eigenes Leben zu führen. Unsere Gemeinsamkeiten nahmen einen immer kleineren Raum ein. Wir mußten uns eingestehen: Was uns am Anfang unserer Ehe wenig Mühe gemacht hatte, fiel uns jetzt zunehmend schwerer, nämlich ausführlich und offen miteinander zu sprechen.

Wer von Ihnen hat diese Gefahr zuerst erkannt?

Ursula: Ich hatte von Anfang an ein stärkeres Bedürfnis nach Kommunikation als mein Mann. Ich wollte ihm immer erzählen, was ich den Tag über erlebt hatte, und wollte das gleiche natürlich von ihm hören. Aber er hat sich schwer getan. Als dann der Arbeitsdruck im Krankenhaus kam, spürte ich, wir würden uns auseinanderleben, wenn wir uns nicht endlich Zeit nähmen, uns auszutauschen.

Urs: Ja, meine Frau hatte die Entfremdung schneller gemerkt als ich. Nach meinem Empfinden lief unsere Ehe immer noch gut. Ich begriff gar nicht, daß diese feine Verbindung nicht mehr da war.

Ursula: Ich brauchte den Erfahrungsaustausch. Schließlich war ich nicht den ganzen Tag von zu Hause weg wie Urs. Ich saß mit den kleinen Kindern in der Wohnung und hatte deswegen weniger Kontakte nach außen. Dies war sicherlich der Hauptgrund, weshalb ich mich so sehr nach dem Gespräch mit meinem Mann sehnte. Ich hatte wenig Außenkontakte und er sehr viele ...

Urs: Naja, im Krankenhaus war immer etwas los. Das Leben eines Assistenzarztes besteht ja zu einem großen Teil aus Kommunikation. Durch meinen Beruf war ich ziemlich ausgefüllt und hatte kein besonderes Bedürfnis, am Abend noch viel zu erzählen. Bis ich es schließlich doch einsehen mußte, daß es nötig war.

Ursula: Am Anfang habe ich, glaube ich, ganz schön gestochert, bis wir endlich dazu kamen, uns gegenseitig zu erzählen, was wir den Tag über erlebt hatten.

Wenn ich höre, daß Ihre Frau ganz schön stochern mußte – was ist Ihnen denn dabei so schwergefallen?

Urs: Nun, das liegt jetzt natürlich weit zurück. Aber ich dachte einfach: „Das interessiert doch meine Frau nicht, was im Krankenhaus vorgefallen ist, wie die Patienten waren und naja, eben all die Kleinigkeiten."

Da mußte ich einsehen, daß es sie eben doch interessiert. Mit der Zeit habe ich dann gelernt, mir solche Dinge zu merken und sie am Abend auszupacken.

Ursula: Ich glaube, am Anfang habe ich einfach tausend Fragen gestellt. Und mit der Zeit ging's dann immer besser.

Und das ist Ihnen nicht lästig geworden?

Urs: Nein, ich kann mich nicht daran erinnern, daß ich mir überfahren vorgekommen wäre. Vielleicht fand ich das ewige Fragen am Anfang ein klein wenig ungewohnt und lästig.

Aber ich wollte es auch lernen, mich mitzuteilen. Außerdem hat Ursula es auf eine feine Weise angepackt, nicht aufdringlich.

Und inzwischen vergeht wohl kein Tag, an dem wir uns nicht gegenseitig alles erzählen, was vorgefallen ist.

Wie gestalten Sie jetzt so den Alltag? Nehmen wir einmal eine ganz normale Woche. Wann finden Sie Zeit zum Erzählen? Sie sind doch immerhin als Arzt ein vielbeschäftigter Mann.

Ursula: Seit einigen Jahren haben wir einen großen Vorteil. Mein Mann hat nämlich seine Praxis in unserem Haus.

Urs: Ja, so kann ich häufig zwischendurch mal auf einen Sprung in die Wohnung kommen und fragen, wie's geht. Manchmal springe ich nur schnell die Treppe hoch, schau nach meiner Frau und gebe ihr einen Kuß ... Man braucht nicht immer einen Riesenaustausch, die Kleinigkeiten sind auch sehr wichtig.

Ursula: Eine feste Einrichtung ist bei uns der Tee nach dem Mittagessen. Dafür nehmen wir uns zehn bis fünfzehn Minuten Zeit. Dabei erzählen wir uns, wie der Vormittag verlaufen ist. Das Gespräch am Abend schließt den Tag ab und läßt uns zur Ruhe kommen.

Ich würde nun auch gern wissen, worüber Sie sich unterhalten.

Ursula: Hm – ich erzähle alles, was mich beschäftigt. Auch banale Dinge. Zum Beispiel, was mich aufgeregt oder zornig gemacht hat, natürlich auch, was mich gefreut hat – einfach, wie ich mich fühle und was ich erlebt habe. Freud und Leid.

Urs: Und ich schildere meist kleine Episoden über meine Patienten, die Erfolge, aber auch die Notfälle. Ich kann ja nicht von allen Leuten, mit denen ich zusammen war, erzählen. An alles kann und will ich mich auch nicht mehr erinnern. Aber was mich besonders beeindruckt hat, was mich gedanklich nicht loslassen will, das berichte ich.

Besonders von den Patienten, die meine Frau kennt, erzähle ich ihr. Wir überlegen, wie manchem von ihnen seelisch zu helfen ist. Wir sind erschüttert, wieviel Elend es in der Welt gibt, wieviel Grausamkeit, wieviel Trunksucht, wieviel kaputte Ehen usw. Das läßt uns nicht los, und wir beten dann auch für diese Menschen.

Natürlich kann ich nicht alles ausführlich wiedergeben, was ich in der Praxis erlebe. Am Tisch erzähle ich möglichst nichts darüber. Meine Kinder sollen nicht wissen, welche Probleme meine Patienten haben. Aber wenn ich mit meiner Frau allein bin, tut es gut, „den Tag auszumisten".

Aber dieser Austausch über die Erlebnisse des Tages – das machen Sie wohl ziemlich regelmäßig?

Urs: Nicht nur „ziemlich regelmäßig", sondern laufend, jeden Tag. Das lassen wir nie ausfallen.

Ursula: Glücklicherweise ist es inzwischen uns beiden ein Bedürfnis geworden.

Urs: Selbst wenn ich spät von einer Sitzung nach Hause komme, und es ist zehn oder halb elf, erzählen wir uns noch schnell im Bett, was vorgefallen ist. Ursula freut sich sogar, wenn ich sie wecke und ihr mit ein paar Worten erkläre, wie alles gelaufen ist. Ja, im Prinzip lassen wir unseren täglichen Austausch nie ausfallen.

Alle Achtung! Ich bin selten einem Ehepaar begegnet, das so konsequent im Gespräch bleibt.

Urs: Sicher macht es manchmal Mühe, aber es lohnt sich! Ein Tag besteht doch aus lauter kleinen Problemen und Problemchen. Wenn ich diese Dinge laufend an meine Frau weitergeben kann, sammelt sich nie was Großes an. Wenn ich es aber nicht tue, kann sich mit der Zeit ein riesiger Berg auftürmen – und plötzlich kracht's dann.

Durch diesen offenen Austausch können echte Spannungen gar nicht erst aufkommen. Die Anstrengung lohnt sich. Außerdem ist das gegenseitige Erzählen eine großartige Möglichkeit, am Erleben des Ehepartners Anteil zu nehmen und wirklich gemeinsam zu leben.

Wir bemühen uns, den anderen liebevoll und ohne zu unterbrechen anzuhören. Das haben wir erst mit der Zeit gelernt. Auch Kleinigkeiten, aus denen der Tag ja besteht, dürfen erzählt werden. Es muß möglich sein, ein Problem so lange zu bereden, bis der Leidensdruck verschwunden ist. Glauben Sie mir, durch dieses gemeinsame Verarbeiten des Tages werden Kräfte für Neues freigesetzt.

Gibt es auch Themen, die Sie im Gespräch nicht gern anschneiden?

Urs: Die schwierigste Frage für mich ist: „Sag mir, wie es in dir aussieht?"

Wenn Ursula diese Frage stellt, fällt es mir immer noch schwer, aus mir herauszugehen. Denn dann muß ich zugeben, wie es tief drinnen in mir aussieht. Das ist für mich die heikelste Frage, zu deren Beantwortung ich mich immer wieder durchbeißen muß. Und ich will nicht lügen und kann es auch nicht. Ich muß mich also ehrlich fragen: „Geht es mir wirklich so gut, wie ich mich nach außen hin gebe, oder mache ich mir und Ursula etwas vor?"

Ursula: In dem täglichen Austausch liegt eine gewisse Gefahr. Es kann leicht passieren, daß man nur an der Oberfläche bleibt und lediglich die Belanglosigkeiten erzählt. Das aber ist auf die Dauer nicht gut, und deswegen stelle ich ab und zu die Frage nach dem inneren Befinden. Das ist ja das, was letztlich zählt. Diese Frage muß ich mir natürlich auch gefallen lassen.

Urs: Aber es hat einige Zeit gebraucht, bis wir zu dieser Offenheit gefunden haben.

Nach etwa acht Ehejahren entdeckten wir ein Buch von Paul Tournier: „Verstehen und Schenken" (Herder Bücherei). Das lasen wir uns abends im Bett vor. Immer Seite für Seite, und dann haben wir uns darüber ausgetauscht. Schließlich kamen wir an eine Stelle, wo Tournier schreibt, man solle als Ehepaar eigentlich keine Geheimnisse voreinander haben. Man solle miteinander beten und dann den Ehepartner in die tiefsten Geheimnisse des persönlichen Lebens einweihen. Also ihm auch Dinge offenbaren, die man bisher noch keinem Menschen mitgeteilt hat.

Mir blieb zunächst die Luft weg. Das widersprach meinem bisherigen psychologischen Verständnis. „Ich kann doch nicht alles sagen, was ich denke und fühle! Ein gewisser Bereich meiner Persönlichkeit muß doch ‚geschützt' bleiben. Das geht doch den anderen nichts an."

„Vielleicht hat er doch recht", haben wir uns schließlich gesagt. „Wir können es ja mal versuchen."

Ursula: Hm, das haben wir dann auch probiert. Mir wurde bewußt, daß wir recht viel voreinander verschwiegen hatten, besonders Dinge aus der Vergangenheit.

Mit Zittern und Zagen deckten wir unsere Gefühle, Sehnsüchte und Ängste auf und klammerten auch die Zeit vor der Ehe nicht aus. Zwischendurch haben wir viel gebetet, um alles sagen zu können, und auch, um uns von Herzen vergeben zu können.

Und es ging! Es war einfach ein Wunder. Keiner schmollte oder grollte, keiner mißtraute dem anderen oder bohrte: „Ist das jetzt wirklich alles?"

Aber ich glaube, es ging nur deshalb so gut, weil wir es eben unter Gebet getan haben. Ich meine auch, so etwas gelingt nur bei Menschen, die Vergebung von Jesus annehmen und mit seiner Hilfe dem anderen verzeihen können. Wenn das nicht möglich ist, können Verletzungen entstehen, die nicht mehr heilen wollen.

Urs: Ja, es war, wie gesagt, nicht einfach. Aber wir haben oft sehr befreit gelacht, wenn manche Dinge einmal ausgesprochen waren. So etwas hätte ich früher nicht für möglich gehalten. Sicherlich waren wir bei manchen Geständnissen betrübt, aber nicht bedrückt.

Wir staunten, wie tief uns Gott mit Frieden und gegenseitigem Verständnis erfüllte. Es kam überhaupt keine Bitterkeit auf. Vergebung war möglich..

Ursula: Der ganze Austausch war letztlich sehr befreiend. Die geheime Angst, die einem ja manchmal doch irgendwie in den Knochen saß, etwas Peinliches aus der Vergangenheit könnte herauskommen ... die war weg. Ich kann diese Offenheit nur empfehlen.

Urs: Seitdem ist unsere Beziehung grundlegend anders geworden. Wir wissen, daß wir absolut offen und ehrlich voreinander sind. Es schafft eine enorme Vertrauensbasis, sich im Blick auf den anderen sagen zu können: „Ich weiß alles. Du machst mir nichts mehr vor!"

Wollen Sie damit sagen, daß Sie wirklich keine Geheimnisse mehr voreinander haben?

Urs: Ja, so wollen wir es halten. Das kann manchmal recht bitter sein. Es ist nicht immer einfach – auch nicht für den Partner –, sich alles anzuhören ...

Haben Sie das denn immer bewältigen können? Konnten Sie ein solches Bekenntnis jedesmal positiv verarbeiten, ohne selbst verletzt zu werden?

Urs: In der Regel schon. Wissen Sie, wir sind ja auch gut eingeübt in der Offenheit voreinander. Ich glaube, das spielt eine große Rolle. Dadurch kann sich nie viel Sprengstoff ansammeln. Wir sprechen häufig miteinander, und wir beten einfach, wenn wir mit irgend etwas Mühe haben. Und dann geht es wieder mit neuer Kraft voran.

Ist es schon einmal vorgekommen, daß der eine dem anderen nicht erzählen wollte, was in ihm vorging?

Urs: Ich kann mich nicht daran erinnern.

Ursula: Nein, nicht so direkt. Wir kennen uns ja nun auch schon sehr gut. Da kann man sich wenig vormachen. Ich merke schnell, wenn Urs nur Worte macht.

Urs: Ja, meine Frau kennt die feinsten Regungen meines Herzens. Es gelingt mir nicht, etwas vor ihr zu verbergen. Aber das ist gut so! Ich will auch nichts verstecken – auf die Dauer könnte ich es auch gar nicht. Ich will doch unsere Ehe nicht aufs Spiel setzen.

Hat es nie eine Situation gegeben, wo der eine von dem anderen so enttäuscht war, daß vergeben und vergessen sehr schwerfiel?

Ursula: Ja, das gab's auch.

Urs: Aber nicht wochenlang. Wir haben es dann wieder auffangen können. Und dann war alles wieder in Ordnung.

Worum ging es da konkret?

Ursula: Ach, das war sehr ekelhaft. Es ging um eine Patientin. Ich hatte von Anfang an gespürt: die wollte mehr als nur eine ärztliche Behandlung.

Und als ich bei unserem abendlichen Austausch nachfragte, war mein Mann seltsam verschlossen. Das war unsere schlimmste Erfahrung.

Urs: Ja, es war wirklich schlimm. Ich habe meiner Frau dann gestanden, daß diese Patientin eine gewisse Versuchung für mich darstellte. Das war schon so.

Für Ursula war das ein ziemlicher Schlag. Sie brauchte eine geraume Zeit, um darüber hinwegzukommen. Das war hart für sie und für mich.

Hinterher habe ich mich gefragt: „Wäre es besser gewesen, ich hätte die Sache geleugnet und meiner Frau den Alptraum erspart?"

Aber ich glaube, auf die Dauer wäre mir nicht wohl dabei gewesen. Es wäre immer ein Hauch von Unaufrichtigkeit zwischen uns gewesen, und das hätte unserer Beziehung nicht gutgetan.

Was hätte ich antworten sollen auf die Frage: „Schatz, sag mir, wie es in dir aussieht?"

Ursula: Ich habe eine ganze Zeit gebraucht, um wieder volles Vertrauen zu Urs zu gewinnen. Mißtrauen ist etwas Fürchterliches. Es entsteht, selbst wenn man es nicht will.

Es wäre wesentlich schlimmer geworden – da bin ich mir sicher –, wenn Urs es mir verschwiegen und ich es irgendwie später herausbekommen hätte. Das stelle ich mir schlimm vor. Aber durch seine Offenheit blieb kein Nährboden für Mißtrauen.

Welche Ratschläge würden Sie einem Ehepaar geben, das, wie Sie, lernen möchte, offener miteinander zu sprechen?

Ursula: Ich halte es für ganz wichtig, daß die Basis der Glaube an Jesus ist. Sonst hat es wenig Zweck. Fangen nämlich zwei Partner an, ganz offen voreinander zu sein, und sie sind nicht in der Lage, einander zu vergeben und die Schwächen des anderen zu tragen, kann ihre Beziehung noch schlimmer werden.

Urs: Ich würde mit dem Einfachen beginnen und stufenweise darauf aufbauen, zum Beispiel mit dem abendlichen Austausch. Das schafft jeder, wenn er will.

Und sobald das klappt, schlage ich vor, mit der Frage weiterzumachen: „Sag mir, wie es in dir aussieht?"

Ist die Offenheit und die Vergebungsbereitschaft dadurch genügend gewachsen, kann die dritte Stufe, die Aufarbeitung der Vergangenheit, in Angriff genommen werden.

Ursula: Für uns ist es sehr wichtig und hilfreich gewesen, daß wir uns täglich ausgetauscht haben. Dabei kann sich einfach nicht so viel aufstauen. Das würde ich jedem Ehepaar unbedingt empfehlen. Es muß ja nicht lange sein – so, wie bei uns, zehn bis fünfzehn Minuten, das reicht. Hauptsache, es geschieht regelmäßig.

Urs: Mit der Zeit haben wir auch einen sogenannten „Eheabend" bei uns eingeführt. Ein Abend pro Woche ist für uns beide reserviert. Das heißt, dann sind wir meist zu Hause, zünden ein paar Kerzen an und knabbern oder trinken etwas. Sehr oft hören wir eine Schallplatte, lesen uns kapitelweise ein Buch vor und unterhalten uns darüber. Manchmal gehen wir auch aus.

Das soll jedes Ehepaar halten, wie es möchte. Hauptsache, sie verbringen eine schöne, entspannte Zeit miteinander, die ihnen hilft, aufzutauen und einander offen zu begegnen.

Unsere Kinder wissen, wann wir unseren „Eheabend" haben. Sie lassen uns dann möglichst in Ruhe. Wenn er nicht am Montag stattfinden kann, dann wird er verschoben, aber nicht aufgehoben!

Ich lege sehr viel Wert auf diesen Abend. Für Ursula war er anfangs nicht so wichtig. Trotzdem habe ich diesen freien Abend fest durchgezogen, und jetzt ist er institutionalisiert!

In einer Woche läuft so viel ab. Ich habe meine Termine, Ursula ist auch hier und dort. Paßt man nicht auf, läuft man aneinander vorbei. So bringt dieser Abend Ruhe in die Arbeitshektik, und wir bleiben mit unserer Kommunikation am Ball.

Selbstverwirklichung – der Todesstoß für eine Ehe

Noch nie hatten wir so viel Achtung voreinander wie jetzt, da wir beide unsere Fehler eingestehen können. Früher stand jeder auf seinem eigenen Podest, von dem aus er den anderen richtete. Jetzt stehen wir zusammen auf einem Felsen – Jesus –, und der bricht nicht zusammen, auch nicht bei Sturm und Regen.

Peter und Hildegard Hübner
Peter, 46 Jahre, wissenschaftlicher Oberrat
Hildegard, 44 Jahre, Lehrerin, Hausfrau
zwei Kinder, 18 und 20 Jahre

Peter:
Vor einiger Zeit schaltete ich den Fernsehapparat ein und verfolgte eine Sendung, in der ein Buschneger im südlichen Afrika einen Affen fing. Dazu grub er ein Loch in einen Lehmhügel. Oben ließ er lediglich eine kleine Öffnung, während er unten eine bauchige Höhle aushob, in die er Früchte fallen ließ. Dann versteckte er sich in einiger Entfernung hinter einem Busch. Nach einiger Zeit kam ein kleiner Affe herangeschlichen, der die Szene offensichtlich schon von Anfang an beobachtet hatte, und griff gierig in dieses Loch hinein. Er konnte jedoch seine voll Hand nicht mehr zurückziehen. Die Öffnung war zu eng. Als der Eingeborene angerannt kam, ließ der Affe die Früchte nicht etwa fallen, um sich davonzumachen. Nein, sie waren ihm zu kostbar, so daß er seine Freiheit, ja, sein Leben für diesen vergänglichen Schatz opferte.

Ich hatte genug gesehen. Beeindruckt schaltete ich den Apparat aus. Ist diese Affengeschichte nicht geradezu eine Parabel für unzählige Menschen?

Sie klammern sich an bestimmte Dinge, zum Beispiel falsche Erwartungen, Wünsche und Vorurteile, und lassen dafür ihre Freiheit, ihr Leben, fahren und begeben sich in Gefangenschaft.

Diese Erfahrung mußte ich auch in unserer Ehe machen. Ich hatte falsche Vorstellungen von einer Ehe und an meine Frau unmögliche Ansprüche gestellt. Über viele Jahre hinweg war ich nicht bereit, diese zu korrigieren, obwohl unsere Beziehung dadurch immer mehr beeinträchtigt wurde und wir uns immer weiter auseinanderlebten.

Als vergöttertes Einzelkind setzten meine Eltern hohe Erwartungen in mich, die ich auch erfüllen wollte. Sie hielten mich für ein Genie, und darin wollte ich sie nicht enttäuschen. Mit einer solchen fixen Idee hielt ich auch nach einer idealen Ehepartnerin Ausschau. Ich wollte eine Frau zum Vorzeigen, die auch gleichzeitig mein Publikum war, das mich bewunderte.

Ich glaubte, Hildegard, ein hübsches blondes Mädchen, würde dieser meiner Vorstellung entsprechen. So spielten wir zunächst viele Jahre unseres Studentenlebens ein romantisches Liebespaar, konnten aber diese Romantik nicht in die Ehe hinüberretten. Ich wollte eine Partnerin, die alle Funktionen, die von einer Frau und Mutter erwartet werden, perfekt erfüllt. Diese Forderungen waren einfach zu hoch, Hildegard hätte ein Supermensch sein müssen. Weder sie noch ich konnten unsere selbstgesetzten Erwartungen erfüllen. Tragischerweise war ich nicht bereit, dieses überzogene, selbstgezimmerte Ideal aufzugeben, was meine Frau zur Verzweiflung trieb und krank machte.

Hildegard:
Vor einem Jahr war ich zu einer Kur vom Müttergenesungswerk. Dort waren 25 Frauen, junge Mütter. Von diesen 25 lebten vier – eine davon war ich – in „geordneten" Verhältnissen, das heißt, sie waren verheiratet, und drei von diesen vier Ehen waren beratungsbedürftig.

Das Problem dieser Ehepaare und auch in meiner Ehe war das Lebensideal Selbstverwirklichung. Ich möchte Ihnen kurz beschreiben, wie bei uns vor zehn Jahren die Selbstverwirklichung ausgesehen hat:

Mein Mann vergrub sich in seine wissenschaftlichen Arbeiten. Er schwieg permanent, ich redete ununterbrochen. Weil er mir nicht mehr zuhörte, begann ich, meine Gedanken niederzuschreiben. Ich war völlig frustriert und litt unter seelischen Schmerzen, die ich zu verarbeiten suchte. So begann ich in meinem Stübchen Geschichten und Gedichte zu schreiben.

Peter hörte sich meine Ergüsse einmal an und murmelte dann: „Schön!" Das war alles.

Ein typischer Sonntag bei uns sah folgendermaßen aus: Peter grübelte im Dachgeschoß unseres Reihenhauses, ich kümmerte mich um die Kinder, soweit ich mit meinen Problemen dazu in der Lage war. Mit Mühe und Not lockte ich ihn zum Mittagessen herunter. Woche für Woche spielte sich dann das gleiche Theater ab. Eine schöne klassische Platte mit Barockmusik wurde aufgelegt. Unsere Kleine bemerkte dazu: „Aha, Kloßmusik!" Kerzenlicht, ein Aperitif, ein guter Wein und eine gepflegte Unterhaltung – nur das Kindergeschrei paßte nicht dazu.

Am Nachmittag ging ich dann allein mit den Kindern spazieren. Fragen Sie mich nicht, wie ich mich dabei gefühlt habe. Das waren unsere „erholsamen" Sonntage. Aus Kummer über meine Einsamkeit wurde ich krank.

Wie hatte nun unsere Romanze, die so schmerzhaft ernüchternd endete, begonnen?

Wir waren beide blond und blauäugig, er siebzehn und ich fünfzehn Jahre alt. Er als Einzelkind strahlender Abgott seiner Eltern, ich mickrige Jüngste einer zerbrochenen Ehe und Flüchtlingsfamilie. So begann unsere eigenartige Liebesgeschichte.

Natürlich kam sie uns damals gar nicht eigenartig vor, überhaupt wußten wir nichts über das Wie und Warum unserer Charaktere und Verhaltensweisen. Wir merkten nur, daß wir sehr verschieden waren, fühlten uns aber dennoch stark zueinander hingezogen.

Wenn wir uns auf einer Skala für Wertschätzung hätten eintragen müssen, so hätte ich mich damals, wäre ich ehrlich gewesen, nahe dem Nullpunkt eingetragen, Peter dagegen ganz oben an der Skala.

So kam es, daß ich völlig abhängig war von der Achtung meines Freundes, während er seinerseits am meisten meine Bewunderung schätzte. Verständlicherweise war diese Beziehung für mich von existentieller Bedeutung, für ihn jedoch mehr oder weniger eine Spielerei. Ich ließ mich darauf ein, und so spielten wir ein Liebespaar mit dichterischem Flair und philosophischem Tiefgang.

Sieben Jahre zog sich das hin, ohne daß Peter ernsthafte Schritte zu einem gemeinsamen Lebensweg vorbereitete oder auch nur daran dachte. Als ich, inzwischen Studentin im vierten Semester, er kurz vor seinem Diplom, eines Tages das Gespräch darauf brachte, schob er dieses Thema auf weitere fünf Jahre von sich. Damit wollte er sich vor allem den Wünschen seiner Eltern beugen, die eifersüchtig über ihren Sohn und seine Karriere wachten.

Bei mir rief diese Zurückweisung einen Kurzschluß hervor. Ich unternahm einen ernsthaften Selbstmordversuch, indem ich eine Menge Schlaftabletten schluckte und mich anschließend etwa acht Meter tief aus dem Wohnhaus meiner Eltern stürzte. Ich erlitt einen Wirbelbruch, einen Armbruch und eine Gehirnerschütterung, aber ich wurde wieder vollkommen gesund. Ein Jahr später feierten wir Verlobung und bald darauf Hochzeit, aber an innerer Reifung war nichts geschehen.

Was ich am meisten suchte, waren Liebe und Verständnis im Übermaß. Peter dagegen erwartete die Bewunderung einer möglichst bewundernswerten Frau, die neben gutem Aussehen vor allem qualifiziertes Verständnis für seine wissenschaftliche Arbeit aufbringen sollte. Ich war Hausfrau und Lehrerin, für Peter zwei Tätigkeiten unter unserem Niveau. Ich sollte unbedingt noch Psychologie studieren.

Aber ich wollte nicht. So flüchtete ich mich in die Mutterrolle. Und schließlich sagte mir diese Aufgabe auch wirklich zu. Es machte mir Spaß, unser süßes Töchterchen Eva aufzuziehen. Die Grundlagen unseres Theaterspiels gerieten ins Wanken. Peter fühlte sich entthront. Er zog sich völlig von mir zurück, sogar im Ehebett. Das wiederum erzeugte in mir Angstanfälle, die über vier Jahre hinweg immer wieder mit Depressionen abwechselten. Es war die Hölle, aber sie war notwendig zur Reifung meiner Persönlichkeit.

Ich begann zu schreiben, zuerst tagebuchartig, später in Form von Gedichten und Kurzgeschichten. Dabei verfuhr ich schonungslos ehrlich, zuerst mit meiner Umwelt und meinen nächsten Angehörigen, aber dann auch mit mir selbst. Ich wollte die Wahrheit wissen und ausdrücken, weil ich sie brauchte. So kam ich schließlich zur Erkenntnis meiner eigenen Schuld. Gleichzeitig beschäftigte ich mich mit Gott, seiner Liebe zu uns Menschen und seinem Weg zu unserer Erlösung. Diese letzte Einsicht blieb jedoch noch eine ganze Weile im intellektuellen Bereich stecken.

Inzwischen kam unsere zweite Tochter Julia zur Welt, mein Wunschkind gegen Peters Willen. Trotzdem ging er dieses Mal mit zur Entbindung. Dadurch baute sich offensichtlich eine sofortige innige Beziehung zwischen Vater und Tochter auf. Das erwies sich später als sehr wichtig für Julia.

Unsere Ehe war damals so zerrüttet, daß wir beide nur noch mit dem Thema der sogenannten Selbstverwirklichung beschäftigt waren. Peter arbeitete täglich bis in die Nacht an seiner Habilitationsarbeit, zog sich auch an den Wochenenden in sein Arbeitszimmer zurück und trank zur Entspannung sehr viel. Ich vergrub mich in Literatur, versuchte aber gleichzeitg, die perfekte Mutter zu sein, und kehrte das auch heraus.

Je mehr wir uns voneinander abkapselten und auf Selbstverwirklichung schworen, um so offener wurde der Zustand des Ehekrieges. Allerdings war ich nicht stark genug, die zunehmende Distanzierung zu meinem Mann zu ertragen. Diesmal wurde ich körperlich krank. Innerhalb von eineinhalb Jahren mußte ich mich drei schweren Operationen unterziehen und fiel für diese Zeit als Hausfrau und Mutter fast völlig aus. Peter reagierte keineswegs mit neuer Zuwendung zu mir, dazu war unsere Entfremdung zu weit fortgeschritten. Aber er kümmerte sich sehr viel um die Kinder, insbesondere um die kleine Julia.

In mein „Dichterzimmer" zog ein Au-Pair-Mädchen samt Freund. Dieser war Schauspieler, liebte die Rolle des Faust und las Satansmessen. Doch ich wollte und wünschte nur eins: Gesundheit, um endlich eine gute Mutter und auch Ehefrau sein zu können. Doch dazu brauchte ich ein Wunder.

Zu jener Zeit wurde ich zu einer Freizeit eingeladen. So kam es, daß ich endlich die reale, erfahrbare Existenz und liebende Gegenwart des lebendigen Gottes, den ich schon theoretisch kannte, erfuhr, und zwar an Leib, Seele und Geist. Ich erlebte die Erfüllung mit dem Heiligen Geist.

Nach drei Tagen kam ich so verändert nach Hause, daß mein Mann als Psychologe vor einem Rätsel stand. Die Freude an der Gegenwart des Herrn Jesus erfüllte mich so stark, daß ich meinen Mann total loslassen konnte. Alle schweren Lasten und Sorgen waren von mir gewichen. Ich fühlte mich befreit, von Gott geliebt und getragen.

Jedenfalls wurde Peter durch diese auffällige und auch anhaltende Veränderung so neugierig, daß er mich nach einiger Zeit zu den christlichen Veranstaltungen begleitete. Ein halbes Jahr später war auch er, der wissenschaftliche Materialist und Atheist, ein wiedergeborener Christ. Wir waren begeistert von unserer Entdeckung und erlebten zusammen mit unseren Kindern eine Phase wunderbarer Erholung und Entspannung.

Nach etwa einem Jahr himmlischer Begeisterung begann Gottes Erziehungsarbeit an uns. Das machte sich anfangs darin bemerkbar, daß bislang unausgesprochene und verdrängte Konflikte wieder aufbrachen. Und das war gut so! Gott machte mit uns ganze Sache, wir erhielten nicht nur einen frommen Anstrich. Die alten Sünden und Fehlhaltungen, ein halbes Leben lang eingeübt, mußten entlarvt und mit der Wurzel ausgerissen werden, sonst hätte ein neues Theater, lediglich mit anderem Vorzeichen, begonnen.

Bei einer weiteren Konferenz zum Thema Ehe nahmen wir einander vor Gott als füreinander bestimmtes Ehepaar neu an. In meinem Innersten empfand ich allerdings, ich könnte Peter nicht vergeben, obwohl ich es wollte. Ich war zu sehr verletzt worden und deshalb noch voller Bitterkeit. Irgendwie erwartete ich, Peter müsse zuerst zu mir kommen und mich um Vergebung bitten für alles Verkehrte und Verletzende in Gegenwart und Vergangenheit. Dann hätte ich ihm großzügig vergeben, meinerseits alle Verfehlungen eingestanden und ihn um Vergebung gebeten.

Aber einen solchen Triumph wollte mir Gott nicht zugestehen. Statt dessen zeigte mir der Heilige Geist meine dunklen Stellen, meine Liebesunfähigkeit, meinen versteckten Groll, meine Kritiksucht, Selbstgerechtigkeit, mein Selbstmitleid usw. Je mehr ich bereit war, meine Sünden einzugestehen, um so eher konnte ich vergeben und um so mehr erlangte ich Heilung im seelischen Bereich.

Vor allem mußte ich neu lernen, zu meinem Mann aufzuschauen. Ich fand, Männer seien nichts anderes als Fachidioten. Sie taten mir leid, denn ich beobachtete, daß sie von Kindheit an in diese Rolle hineingedrängt wurden. Ich hatte das Gefühl, Männer – Peter eingeschlossen – wüßten in ihrem kleinen Fachbereich Bescheid und alles andere interessierte sie nicht. Das hatte mich verletzt und dazu geführt, daß ich sie verachtete.

Ehrlich geworden vor mir selbst, begann ich allmählich, Veränderungen in Peters Leben zu entdecken. Zum Beispiel entwickelte er eine liebevolle Art, die Kinder zu beobachten und sich darüber zu äußern. Sogar die Haustiere machten ihm Freude. Andere liebenswerte Verhaltensweisen, die ich bisher für selbstverständlich gehalten hatte, wurden mir wertvoll, und ich war dankbar dafür.

In Konfliktsituationen versuchten wir nicht mehr, uns gegenseitig alles mögliche vorzuhalten, sondern hielten zunächst etwas Abstand. Nach einer kurzen Gebetszeit war es dann möglich, einander freundlich zu begegnen und um Vergebung zu bitten.

Schließlich kam es soweit, daß auch Peter einen Seelsorger aufsuchte und eine wunderbare Befreiung von seinem Stolz erfuhr. Und diese Freisetzung war eine Wohltat für die ganze Familie. Peter gewann eine ganz neue Offenheit im Umgang mit mir und den Kindern. Er bekam einen Blick für unsere Bedürfnisse und Wünsche und konnte seine Empfindungen und Erlebnisse mitteilen. Und seitdem darf ich ihm auch Dinge sagen, die ich nicht so gut finde, und er bemüht sich, sie zu ändern. Es ist großartig, kein Theater mehr spielen zu müssen. Es ist herrlich, offen und ehrlich selbst Unfähigkeiten und Versagen einzugestehen und zu bitten: „Komm, Schatz, bete mit mir!" Dadurch wächst das Verständnis und die Wertschätzung für den anderen.

Noch nie hatten wir so viel Achtung voreinander wie jetzt, da wir beide unsere Fehler eingestehen können. Noch nie hatte ich so ehrlich zu meinem Mann aufgeschaut und ihm vertraut. Früher stand jeder auf seinem eigenen Podest, von dem aus er den anderen richtete. Jetzt stehen wir zusammen auf einem Felsen – Jesus –, und der weicht und bricht nicht, auch nicht bei Sturm und Regen.

Solange wir ohne Gott lebten, hatte ich stets das Gefühl, wir könnten unsere guten Absichten einfach nicht in die Tat umsetzen. Es entwickelte sich so vieles immer anders, als wir es eigentlich beide wollten. Und schließlich ließen wir entmutigt die Dinge laufen. Fehler sahen wir fast ausschließlich am anderen.

Viele enttäuschte Ehepartner meinen, wenn es mit dem einen nicht klappt, müsse man nur den idealen Partner finden, dann liefe alles ganz von selbst. Dieser falschen Auffassung möchte ich unseren Bericht entgegenhalten. Obwohl mein Mann und ich uns völlig auseinandergelebt und uns viele Verletzungen zugefügt hatten, lernten wir durch die Hilfe Gottes, einander zu vergeben, anzunehmen und zu einer neuen, noch tieferen Liebe zu finden. Je mehr wir aus unseren eigenen Fehlern und Schwächen lernen und diese offen bekennen, um so leichter fällt die Vergebung, um so mehr wachsen Achtung und Vertrauen.

Diese Offenheit schafft insgesamt eine heitere, entkrampfte Atmosphäre, die dann den Kindern zugute kommt. Als wir vor einiger Zeit doch einmal wieder eine Auseinandersetzung hatten – es war kein Streit wie früher, aber wir gebrauchten auch nicht gerade die freundlichsten Worte bei unserem Meinungsaustausch – saß unsere älteste Tochter dabei. Sie verhielt sich ganz ruhig, trotzdem war es mir peinlich. Zum Schluß fragte ich sie: „Na, Eva, war's schlimm?"

„Hm, schön war's nicht. Aber es mußte ja wohl mal sein."

Damit wollte sie sagen: „Ich weiß ja, daß ihr euch liebhabt. Es gibt halt noch Dinge, über die ihr miteinander ins reine kommen müßt. Aber glücklicherweise ist das Bedrohliche weg, und das ist die Hauptsache."

Neulich huschte unsere Sechzehnjährige abends vor dem Schlafengehen noch in unser Zimmer und erklärte: „Also, von allen meinen Freundinnen und Bekannten, die ich kenne, haben wir das schönste Familienleben!"

Dieses Urteil eines Teenagers war für mich das größte Lob und die deutlichste Bestätigung dafür, daß mit Jesu Hilfe unser Eheleben neu geworden war.

Ein Familienleben, geprägt von Ablehnung und Haß

Unser ältester Sohn verließ uns nach dem Abitur mutlos und resigniert. Unsere Siebzehnjährige hatte ich aus dem Haus gedrängt. Sie hatte absolutes Hausverbot. Unsere jüngere Tochter litt unter panischen Ängsten, und unser jüngster Sohn war seelisch so gefährdet, daß die Psychologin meinte, sie könne ihm nicht mehr helfen.

Rolf-Dieter und Heidi Haering

Rolf-Dieter, 45 Jahre, Regisseur

Heidi, 55 Jahre, Buchhändlerin, jetzt Hausfrau und Mutter

vier Kinder, 29, 28, 22, 19 Jahre

Heidi:
Wenn ich erzählen soll, wie es früher in unserer Familie zugegangen ist, fangen meine Hände wieder an zu zittern. Die eisige, vergiftete Atmosphäre will mich erneut ergreifen. Ich sehe mich vor unserer Wohnungstür stehen. „Das schaff' ich nicht!" stöhnte ich verzweifelt. „Ich kann einfach nicht wieder raufgehen."

Der Vorhang hinter der Glastür des Arbeitszimmers meines Mannes war zugezogen. Das hieß: absolute Ruhe. Er saß hinter seiner Arbeit, und wehe, er wurde durch die Geräusche der spielenden Kinder gestört!

Fast jeden Morgen spielte sich die gleiche Szene ab. Rolf-Dieter war nicht nur ein Morgenmuffel, er verstand es, die ganze Familie unter psychischen Druck zu setzen. Setzte er sich an den Tisch, verschlug es den Kindern und mir buchstäblich den Atem. Entweder nahmen wir die Mahlzeit schweigend ein, oder er garnierte sie mit bissigen Bemerkungen.

Obwohl ich gewohnt war, viel einzustecken, konnte ich in den ersten Jahren sein Verhalten nicht unwidersprochen hinnehmen. Natürlich war es nicht richtig, in der Gegenwart der Kinder heftig zu reagieren. Rolf-Dieter stand dann mit verbissenem Gesicht auf und verzog sich mit seinem Essen ins Wohnzimmer.

Alleingelassen mit den Kindern, versuchte ich, sie zu besänftigen und das Verständnis für ihren Vater zu erhalten. „Ihr müßt verstehen, Papa meint es nicht so. Er hat halt so viele Sorgen mit seiner Arbeit ..."

„Immer sollen wir Papa verstehen! Warum will er uns denn nicht verstehen?" schimpfte eines Tages eines der Kinder. Da gab ich meine Verteidigungsversuche auf. Genauso wie die Kinder zog ich bei Rolf-Dieters heftigen Wortattakken schweigend den Kopf ein. Um so mehr versuchte ich durch meine Art eine Atmosphäre zu schaffen, in der sie einigermaßen leben konnten. Obwohl mein Mann und ich uns grundsätzlich gut verstanden, verdunkelten die ständigen

Auseinandersetzungen unsere Beziehung. Das Hoffnungslose an dieser Situation setzte mir, die ich körperlich sowieso nicht stark bin, auch psychisch immer mehr zu.

Rolf-Dieter:
Hätte mir jemand vorgeworfen, ich liebte meine Frau und meine Kinder nicht, hätte ich entrüstet widersprochen. Und ob ich sie liebte! Aber meine Haltung war durchwirkt von Unfähigkeit, ja regelrechter innerer Zerrissenheit.

Heidi und die älteren Kinder kannte ich vor dem Tod von Heidis erstem Mann, da ich ein guter Freund der Familie war. Ich überlegte lange, ob ich die Verantwortung für eine große Familie übernehmen könne. Heidi und ich liebten uns. Die Kinder wollten mich zum Vater, und ich suchte nach Geborgenheit und freute mich, endlich eine heile Familie gefunden zu haben.

Danach hatte ich mich während meiner gesamten Kindheit gesehnt. Meinen Vater lernte ich nicht richtig kennen. Er war im Krieg gefallen, als ich drei Jahre alt war. Meine Mutter war als Schauspielerin häufig zu Filmaufnahmen weg oder auf Wehrmachtstournee. So wuchs ich bei meiner Großmutter in Berlin auf. Die Beziehung zu meiner Mutter war geprägt von Fremdheit und mißglückter Liebe. Sie hatte nie viel Zeit für mich, und wenn, dann setzte sie mich unter Leistungsdruck. Auch sie verstand sich nicht mit ihrer Mutter – das erlebte ich hautnah mit. Die von fehlender Liebe und mangelndem Verständnis geprägte Atmosphäre schien eine unheilvolle „Familientradition" zu sein.

Als Kind mußte ich viel einstecken. Ich fühlte mich ständig unterlegen. Damals setzte ich mir das Ziel: „Du mußt so stark sein, daß du anderen Menschen überlegen bist."

Dieses Ideal vor Augen, studierte ich gleichzeitig Theaterwissenschaften, Literaturgeschichte, Philosophie und Psychologie. Machtgier war das ausschlaggebende Motiv, mich mit fernöstlichen Religionen und Mystik zu befassen. Ich wollte hinter die Kulissen schauen, um anderen Menschen überlegen sein zu können. Jahrelang beschäftigte ich mich mit der Steinerschen Geheimwissenschaft und Anthroposophie und wurde Experte auf dem Gebiet der Astrologie. Es war ein Hochgefühl, wenn ich aufgrund meines astrologischen Wissens für andere Menschen Schicksal spielen konnte. Meine eigene Unsicherheit und Angst wurde dadurch bestens kompensiert.

Die Geborgenheit, nach der ich mich in meiner Kindheit immer gesehnt hatte, meinte ich jetzt in der neuen Familie mit Heidi gefunden zu haben. Wir hatten uns lieb. Die Kinder mochten mich. Wir standen in einem herzlichen Verhältnis zueinander.

Die Umstellung und die neuen Belastungen waren dennoch zu groß für mich. Nach wie vor hatte ich Junggesellenallüren. Für mich war selbstverständlich, daß sich alle nach mir richten mußten. Meine neue Familie wohnte in Hamburg, ich studierte in München – eine enorme Belastungsprobe für die gerade neu gegründete Familie. Verzweifelt mußte ich mir eingestehen, daß ich mit diesem „Klotz am Bein" meine Doktorarbeit nicht fertigstellen konnte. Das ließ ich alle spüren, wie Heidi schon berichtete.

Der Traum einer Karriere am Theater war auch ausgeträumt. In Hamburg war ich beim Fernsehen gelandet und verdiente endlich ein ordentliches Gehalt.

Allerdings wurden die Probleme zu Hause immer größer. Obwohl ich mit meinen Kindern alles besser machen wollte als meine Mutter, gelang es mir nicht. Es war wie ein Teufelskreis, aus dem ich nicht herauskam.

Genauso wie meine Mutter setzte ich meine Kinder unter Druck und wollte sie beherrschen. Als sie klein waren, kuschten sie, als sie jedoch größer wurden, ließen sie es sich nicht mehr gefallen und rebellierten. Unsere Beziehung war auf meiner Seite von Sprachlosigkeit und Haß geprägt. Später erst merkte ich, daß bei mir jedesmal eine Sicherung durchbrannte, wenn das Verhalten der Kinder mich in Konfliktsituationen meiner Kindheit versetzte.

Unser ältester Sohn verließ uns nach dem Abitur mutlos und resigniert. Unsere siebzehnjährige Tocher hatte ich aus dem Haus gedrängt. Sie hatte absolutes Hausverbot. Die jüngere Tochter litt unter panischen Ängsten, und unser jüngster Sohn war seelisch so gefährdet, daß die Psychologin meinte, sie könne ihm nicht mehr helfen. Hinzu kam ein neu aufbrechender Zwist mit meiner Mutter und obendrein eine berufliche Krise.

Heidi war seelisch und körperlich am Ende. Eine Kur war schon bewilligt. Aber ich ließ sie nicht fahren. Ich hatte Angst, der Junge täte sich etwas an, wenn seine Mutter fort wäre.

Wir wußten, daß wir Hilfe brauchten. Allerdings suchten wir sie an der falschen Stelle. Die Anthroposophie sowie sechs Jahre Transzendentale Meditation brachten nichts. Alle übten sich darin, selbst die Kinder. Doch zurück blieb nur eine innere Leere. Resigniert machten wir schließlich Schluß damit.

Trotzdem mußte ich mich weiter mit meiner Persönlichkeit befassen. Wieso hatten wir nur so viele Schwierigkeiten miteinander?

Christian war nun schon ein Jahr in psychotherapeutischer Behandlung, und seine Depressionen nahmen immer bedrohlichere Formen an. Und eines Tages erklärte mir die Kinderpsychologin auch noch: „Wenn Sie Ihrem Sohn wirklich helfen wollen, müssen Sie selbst in psychotherapeutische Behandlung!"

Das war das letzte, was ich hören wollte. Ich, ein Fall für den Psychotherapeuten? Das zu akzeptieren, kostete mich einige Überwindung.

Diese Krise zwang mich zu einem Entschluß: „Ich will endlich wissen, wo ich stehe. Ich will mir nichts mehr vormachen. Es muß jetzt endlich ein Schlußstrich unter dieses verfahrene Leben gezogen werden. Aber wie nur?"

Ich bestürmte den Psychologen, der mir, hilflos mit den Achseln zuckend, seinen vollen Terminkalender zeigte:

„Aber, Herr Doktor, Sie müssen mich nehmen. Bei mir brennt es an allen Ecken und Enden!"

Ich war so verzweifelt, besonders über meinen Jungen, daß ich es sogar mit Beten versuchte. Mit meiner Großmutter hatte ich früher kindliche Gebete gesprochen. Zum ersten Mal nach meiner Konfirmation brachte ich nun die Worte über meine Lippen: „Lieber Gott, schenk du meinem Sohn ein fröhliches Herz." Ich glaubte nicht daran, und trotzdem sprach ich es aus. So leichtfertig, wie ich es gesagt hatte, vergaß ich es auch wieder.

Heidi:

Meine Mutter erlebte unsere Schwierigkeiten und Auseinandersetzungen mit. Sie wollte uns helfen. Deswegen schenkte sie mir wohl eine Einladung zu einem christlichen Kongreß in Berlin.

„Dort kommen Christen zusammen, die miteinander beten und in ihrem Leben Veränderungen erfahren", meinte sie.

Ich wehrte heftig ab: „Jetzt beschäftige ich mich schon zwei Jahre intensiv mit der Anthroposophie. Davor waren es die Transzendentale Meditation, der Zen-Buddhismus und Yoga. Und jetzt noch einen fünften Weg? Nein, danke, ich habe genug vom Experimentieren!"

Aber sie ließ nicht locker. Da der Kongreß sowieso schon ausgebucht war, lenkte ich ein, um meine Ruhe zu haben. Insgeheim betete ich zu Gott, zu dem ich immer wieder in Notzeiten Zuflucht genommen hatte: „Lieber Gott, wenn du es willst und es wirklich noch einen Platz geben sollte – dann werde ich fahren."

Das Wunder geschah. Zwei Tage vor Beginn – ich fühlte mich schon sicher – klappte der Briefkasten, und ich wußte ganz genau: jetzt ist die Bestätigung da!

Ich mußte mein Versprechen einlösen. Da mir meine Familie am Herzen lag, war ich auch bereit zu fahren. Ich hatte ja einen Ausweg: gute Freunde in Berlin. Bei denen wohnte ich. Am ersten Tag des Kongresses vertiefte ich mich zunächst in meine Steiner-Lektüre. Ich machte wie gewohnt meine Steiner-Meditation, und gegen Abend sagte ich mir: „Jetzt könntest du ja mal hingehen und dir das fromme Theater ansehen!"

Ich betrat den Saal. Die Menschen standen mit erhobenen Händen da und beteten Gott an. Noch nie hatte ich solch tiefen Frieden und jubelnde Freude empfunden, während die Teilnehmer um mich herum Jesus anbeteten. In mir brach Vertrauen auf, und ich blieb.

Als im Anschluß an den Vortrag Gebet und Aussprache angeboten wurden, ging ich tief bewegt nach vorn. Ich stand vor dem Referenten, fing den ersten Satz an und konnte vor Schluchzen nicht mehr weitersprechen. Ohne viele Worte zu machen, legte der Mann mir die Hände auf und betete für mich. Wie einen starken Strom spürte ich die Kraft Gottes durch meinen Körper strömen. Ich hörte mich immer wieder sagen: „Es ist etwas geschehen. Ich weiß nicht, was. Aber es ist etwas geschehen!"

Das war der erste Tag des Kongresses. Fortan verpaßte ich kein Seminar mehr. „Hier bekommst du die Antworten für dein Leben, die du schon immer gesucht hast!" jubelte es in mir. Ich nutzte die Tage zu Gesprächen mit anderen Christen. Nachdem ich meine Zukunft und die meiner Familie in Gottes Hand gelegt hatte, wurde ich immer tiefer von Freude und Liebe zu Jesus erfüllt.

Rolf-Dieter:
Heidi war nur drei Tage weg. Aber für mich waren sie anstrengend. Mit meinen beiden jüngeren Kindern holte ich sie vom Bahnhof ab. Wir erwarteten eine total gestreßte Mutter zurück. Doch sie stand vor uns wie das blühende Leben. Überrascht fragte ich mich: „Hat sie nun drei anstrengende Konferenztage hinter sich, oder kommt sie erholt von einer Kur zurück?"

Leichtfüßig und strahlend sprang sie in meine Arme. Die halbe Stunde Autofahrt zu unserer Ferienwohnung in der Heide werde ich nie vergessen. Heide sprudelte über beim Erzählen ihrer Erlebnisse in Berlin. Ihre Freude war echt und ansteckend.

„Mama, wer dich so von Jesus erzählen hört, der muß einfach an ihn glauben!" bemerkte unser Christian beeindruckt. Bei ihm hatte es „klick" gemacht.

Krampfhaft hielten meine Hände das Lenkrad fest. Ich war wie vor den Kopf geschlagen. Richtig ausgeschlossen fühlte ich mich. Um mich herum schnatterten alle durcheinander, und ich ging innerlich auf Sicherheitsabstand.

Aber eins mußte ich mir bald eingestehen: Heidi hatte sich wirklich verändert, und das nicht nur vorübergehend.

Sie ging nun in einen „Bibelkreis" – für mich eine schreckliche Vorstellung, daß meine Frau mit den „Frommen" Umgang hatte! Mit solchen „Typen" wollte ich seit meiner Konfirmation nichts mehr zu tun haben. Seitdem war für mich die Kirche gestorben.

Drei Wochen gehörte sie nun schon zu dem frommen Club, da erzählte sie mir: „Du, ich habe von Christians Problem erzählt. Die anderen möchten für ihn beten. Ich soll ihn das nächste Mal mitbringen. Willst du dann nicht auch mal mitkommen?"

„Und ob. Das werde ich mir genau anschauen!"

Schließlich hatte ich ja meine eigenen Erfahrungen gesammelt, wie man Menschen manipulieren und beeinflussen kann. Mit dieser Skepsis setzte ich mich in ihren Kreis. Ich war überrascht, keine „grauen Mäuse" vorzufinden, sondern fröhliche, natürliche Menschen.

Der Leiter verblüffte mich: „Mann, das ist ja'n Ding. Wie der seine Bibel kennt! Auf jede Frage weiß er eine Antwort. Und wie er auf Christian einzugehen versteht!" Ich machte große Augen. „Glaubst du an Jesus?" fragte er den Jungen. Christian bejahte.

Der Mann nahm wieder seine Bibel, zitierte mehrere Bibelstellen und erklärte meinem Sohn, was es bedeutet, Jesus Christus als Herrn zu bekennen.

Dann hörte ich Christian beten: „Lieber Herr Jesus, komm du in mein Herz. Nimm du mir all meine Traurigkeit und meine Kreislaufstörungen weg! Amen."

„Da gibt es nichts dran auszusetzen. Das kann man stehenlassen!" mußte ich mir eingestehen.

Wir gingen nach Hause. Die Kreislaufstörungen waren verschwunden! Am nächsten Morgen saß ein fröhlicher Junge am Frühstückstisch. Ich traute meinen Augen nicht. Jahrelang hatte er sich mit Traurigkeit herumgeschlagen. Kein Arzt, keine Psychologin konnten ihm helfen, und plötzlich war alles wie weggeblasen.

„Da stimmt doch irgendwas nicht! Kann er so viel schauspielerisches Talent von seiner Großmutter geerbt haben?" fragte ich mich.

Ich beobachtete ihn genau. Aber genauso wie bei meiner Frau blieb auch bei ihm die Veränderung. Ich hütete mich, etwas durch meine gefürchteten, kritischen Bemerkungen daran zu ändern. Schließlich hatte ich ja selbst Vorteile dadurch.

Pfingsten saß ich in unserem Domizil in der Heide sinnend in der Sonne und wunderte mich über die Veränderungen, die in meiner Familie vorgegangen waren. Plötzlich fiel es wie Schuppen von meinen Augen, und ich erinnerte mich an das vor wenigen Monaten beiläufig gesprochene Gebet für meinen Sohn.

„Lieber Gott, wenn das die Antwort auf mein Gebet ist, dann verspreche ich dir: ich werde mich mit dir beschäftigen!" betete ich ein zweites Mal.

Das war – typisch Rolf-Dieter – von oben herab. Ich verstand es damals nicht besser. Aber Gott ging darauf ein.

Einige Wochen später bat mich meine Frau, sie von einer Veranstaltung abzuholen. Überraschenderweise war ich mit einem Manuskript schneller fertig geworden. Ich schaute auf die Uhr: „Wenn du jetzt fährst, kannst du dir sogar noch anhören, was ein Verleger über Jesus zu erzählen hat. Wie kann er als Akademiker nur an Jesus glauben?"

Heidi war bei einer Veranstaltung von christlichen Geschäftsleuten. Ich trat in den überfüllten Saal. Die Gäste standen mit dem Rücken zu mir und sangen voller Hingabe. Seltsamerweise fühlte ich mich sofort wohl. Plötzlich setzten sich alle, und ich stand als einziger. Schnell suchte ich einen freien Platz. Da entdeckte ich Heidi und zufällig einen leeren Stuhl neben ihr. Sie strahlte, als ich mich neben sie setzte.

In dem Lebensbericht des Referenten wurden viele Fragen beantwortet, die ich mir schon immer gestellt hatte. Natürlich und begeistert schilderte er seine Schritte auf Jesus zu. Zum Schluß stellte er die Frage: „Wer möchte Jesus Christus als seinen Herrn in sein Leben aufnehmen? Wer möchte zum Segen für andere Menschen werden?"

Beim zweiten Teil seiner Aufforderung lief mein Leben vor meinen Augen ab. Ein Segen? Das war ich garantiert nicht, eher das genaue Gegenteil! Ich sah mein ganzes Versagen und schämte mich über das, was ich meiner Familie angetan hatte. Ich kapitulierte und nahm Jesus Christus als meinen persönlichen Herrn und Erlöser an.

Über eine halbe Stunde sprachen Heidi und ich mit dem Referenten. Mir war vieles klargeworden, und doch waren da noch Barrieren. Nach Wochen des inneren Ringens sagte ich mich dann im Gebet von der Transzendentalen Meditation und anderen okkulten Praktiken los und erlebte die innere Befreiung durch Jesus Christus.

Meine Frau hatte eine persönliche Beziehung zu Jesus, Christian gehörte dazu, und ich war nun auf dem gleichen Weg. Meine Tochter Annette verstand die Welt um sich herum nicht mehr. Wenige Wochen zuvor hatten wir sie bei den Anthroposophen konfirmieren lassen, und jetzt waren die eigenen Eltern auf dem „Jesustrip". Wie sollte das arme Mädchen dies einordnen?

Schließlich kamen die Sommerferien. Wir waren wieder

draußen in der Heide, und unsere älteste Tochter besuchte uns. Sie wagte es. Als sie auftauchte, verschwand ich. Ich konnte ihre Gegenwart nicht ertragen. Noch nie war mir so deutlich geworden, wieviel Haß ich gegen sie in meinem Herzen hatte. Dieser Zustand beunruhigte mich zutiefst. Ich war beschämt und hilflos. „Wie kann ich da nur herauskommen? Ob Jesus wirklich helfen kann?“

Gottes Angebot zur Hilfe kam bald.

Wir hörten von einer großen Konferenz in Braunschweig. Da noch Ferien waren, reisten wir mit den beiden jüngsten Kindern hin. Ich staunte. So viele Christen auf einmal hatte ich noch nie gesehen. Die Vorträge verblüfften mich. Menschen aller Berufsschichten erzählten, was sich durch ihre Beziehung zu Jesus in ihrem Leben verändert hatte. Am meisten beeindruckte mich ein Möbelkaufmann, der über die Probleme in seiner Familie berichtete und wie Jesus ihm geholfen hatte.

„Mann, der ist ehrlich!“ ging es mir durch den Kopf. „Nicht nur du hast Probleme. Und er ist aus seinem Schlamassel herausgekommen ...“

Zum Schluß fragte er: „Wer hat Probleme in seiner Familie und möchte Jesus um Hilfe bitten?“

Ich kämpfte mit mir und schielte nach links und rechts. Sehr viele standen auf. Ich wollte nicht aufstehen. Schließlich war meine eingefleischte Lebensdevise: „Zeig deine Probleme niemals vor anderen!“

Die Aufrichtigkeit der anderen beeindruckte mich. Heidi saß neben mir und schaute mich nur flehentlich an. Sie sagte kein Wort. Das war auch nicht nötig. In ihren Augen kämpfte ich sicherlich eine Ewigkeit. Doch auf einmal stand ich vorn und packte vor einem wildfremden Menschen meine ganze Not aus. Minutenlang weinte ich. Was mein Psychotherapeut immer gewollt und nicht erreicht hatte, hier konnte ich es: mich emotional öffnen.

Mein Gegenüber fragte: „Glauben Sie an Jesus Christus?“

„Ja“, flüsterte ich mit tränenerstickter Stimme.

„Gut, dann können wir mit diesem Problem zu ihm gehen, die Schuld bekennen und seine Hilfe in Anspruch nehmen."

Ich schüttete mein Herz im Gebet vor Jesus aus und bekam einen Frieden, den ich vorher nicht gekannt hatte. Ich war so voller Freude, daß ich keinem zu erzählen brauchte, was mit mir geschehen war.

„Mama, was ist denn mit Papa los?" rief Christian aufgeregt. „Der strahlt ja so!"

Bisher hatte der Junge mich nur als Griesgram erlebt, und plötzlich war sein Vater wie verwandelt.

Christian kam gerade aus der Kinderveranstaltung und zeigte mir ein Bild, das er dort gemalt hatte. Die Kinder sollten irgend etwas, was sie auf dem Herzen hatte, malen: Ich sah einen Mann am Schreibtisch sitzen, umgeben von hohen Mauern wie in einem Gefängnis.

Ohne daß der zehnjährige Junge es wissen konnte, hatte er genau meine Situation skizziert. Mit dem Bild öffnete mir Gott die Augen: Ja, in einem solchen Gefängnis hatte ich mein ganzes Leben lang gesteckt. Obwohl ich meine Kinder liebte, stand immer eine Mauer zwischen uns. Ich kam nicht an sie heran. Sprachlosigkeit, Mißverständnisse und Haß standen unüberwindbar zwischen uns.

Ich wußte und spürte: „Diese Mauer ist jetzt weg!" Über Generationen hinweg hatte sie meine Familie getrennt und gute Beziehungen verhindert. Aber Gottes Liebe hatte sie durchbrochen. Endlich war ein aufrichtiger Herzenskontakt möglich! – Auch Annette erlebte auf dieser Konferenz Gottes Liebe.

Im Auto auf der Heimfahrt flogen wir förmlich über die Autobahn. Wir scherzten, lachten, sangen und beteten zusammen. Die Augen der beiden Kinder leuchteten.

Zu Hause stand mir eine schwere Aufgabe bevor. Mir war klar: „Du mußt mit Christina, deiner großen Tochter, sprechen und dich mit ihr versöhnen!" Aber wie würde sie das auffassen?

Ich bekannte ihr, was ich in Braunschweig getan hatte, und hörte mich sagen: „Du, ich kann dich wieder liebhaben. Wollen wir es noch einmal miteinander versuchen?"

Sie schaute mich groß an. So hatte sie ihren Vater noch nicht erlebt. Sollte das vielleicht ein neuer Trick sein?

Monatelang kam sie zu Besuch mit dem Ziel, mich zu testen. Sie wollte wissen, ob mein Neuanfang echt war, oder ob ich nur etwas vorgab. Aber es war echt! So etwas konnte nur Gott bewirken, und den wollte sie auch kennenlernen.

Die Versöhnung mit Christina, die ich mir nie vorstellen konnte, war Realität geworden! Und die gleiche Versöhnung vollzog sich eineinhalb Jahre später mit meiner Mutter.

Gott hatte mich in Braunschweig aus meinem Gefängnis befreit und die Liebe zu meinen Kindern, insbesondere zu Christian, geschenkt. Wir hatten einen gemeinsamen Neuanfang gemacht, und trotzdem dauerte es Jahre, bis die seelischen Verletzungen verheilt waren und wir aufrichtig in Liebe miteinander umgehen konnten. Es gab Zeiten, da bin ich mit dieser Liebe schlecht umgegangen und in meine alte Art zurückgefallen.

Insbesondere machte es mir zu schaffen, daß wir in manchen Situationen nicht miteinander sprechen konnten. Der Herzenskontakt war da, aber die Sprachlosigkeit machte uns schwer zu schaffen. Gerade das war für mich sehr schmerzhaft, weil ich ja ein Mensch bin, der vom Beruf her viel mit Kommunikation zu tun hat.

Erst im letzten Urlaub konnten wir diese Barriere überwinden. Wir saßen am Frühstückstisch. Christian hatte sich am Tag zuvor wirklich nicht zur Freude aller Beteiligten verhalten. Annette, seine Schwester, konnte ihm das sagen. Er nahm es an. Beim Morgenkaffee äußerte ich lediglich einen Satz dazu; letztlich wollte ich nur das bestätigen, was Annette ihm schon gesagt hatte. Aber es muß wohl so hart und so kritisch herausgerutscht sein, daß er völlig ausrastete.

Mit einem Schlag war die friedliche Urlaubsatmosphäre zerstört. „Das ist ja wieder so wie früher!" schoß es mir durch den Kopf, als ich hilflos in die Runde schaute. Alle schwiegen und hielten den Kopf gesenkt. Aus Christians Augen schauten Verletzung und Verzweiflung. Wortlos fuhr ich die Kinder an den Strand.

Als sie fort waren, saß neben Heidi ein zerbrochener Mann. Was ich dachte, sprach sie nach Minuten des Schweigens aus: „Ich glaube, du solltest jetzt beten."

Den halben Tag verbrachte ich allein. „Herr, was mache ich nur falsch?" schrie ich verzweifelt zu Gott. „Egal, was ich sage, er rastet jedesmal aus!" Ich wollte, ich mußte eine Lösung finden. In der Stille machte Gott mir klar, daß meine Haltung Christian gegenüber nach wie vor falsch war. Obwohl der Herzenskontakt da war, hatte ich ihn immer noch mit zu kritischen Augen überwacht und nur auf seine Fehler reagiert, besonders da, wo er meinen Erwartungen nicht entsprach.

Das hatte den Jungen zur Verzweiflung getrieben. „Papa versteht mich überhaupt nicht. Kann ich ihm denn gar nichts recht machen? Ich tauge wohl zu nichts! Wenn Gott es nicht schafft, Papa an diesem Punkt zu verändern, was kann ich Gott dann überhaupt zutrauen?"

Diese Einsicht war niederschmetternd. Ich ging auf die Knie und flehte Gott um Vergebung an. Ich bekannte ihm die Schuld, daß ich in meiner verkehrten Haltung seine Liebe aufgehalten hatte.

Inzwischen war es später Nachmittag geworden. Ich spürte, wie die Bedrückung wich. Aber wie sollte ich jetzt wieder mit Christian klarkommen?

Als wir uns am Strand begegneten, merkte ich, daß Gott in der Zwischenzeit auch an ihm gewirkt hatte. Wir fielen uns um den Hals, und ich konnte ihn um Verzeihung bitten. Er mußte an mir eine Veränderung bemerkt haben. Gott schenkte uns einen Durchbruch zu einer echten Vater-Sohn-Beziehung. Eine aufrichtige Liebe prägt unser Verhältnis seit diesem Tag und befähigt uns, auftretende Probleme in einem guten Miteinander zu lösen. Ich hatte mir diese Veränderung nie vorstellen können, habe sie aber als ein Geschenk von Gott dankbar angenommen. Das Problem der Sprachlosigkeit ist gelöst. Wir lernen jetzt beide, damit umzugehen.

Diese seelische Veränderung wirkte sich auch auf Annette befreiend aus. Sie, die mit einer Engelsgeduld meine Schwächen ertragen hatte, sah plötzlich eine Hoffnung Wirklichkeit werden. Für sie war es der schönste Urlaub ihres Lebens.

An einem der letzten Tage spielte sich noch eine lustige Episode ab.

„Papa, schaff' dir doch endlich mal 'ne neue Brille an!“ rief Christian, während wir in den Wellen sprangen.

„Ja“, pflichtete ihm Annette bei, „mit der siehst du so finster aus!“

„Ach, Unsinn! Die ist doch noch gut. Warum soll ich dafür Geld ausgeben?“ japste ich und wollte über die nächste Welle springen.

Aber die war zu groß. Ich kämpfte mich durch den Schaum, um wieder auf die Beine zu kommen. „Seltsam, irgendwie sehe ich schlechter.“ Ich griff an meine Stirn: „Hilfe, meine Brille ist weg!“

Am Abendbrottisch feixte Christian mit Annette: „Das find' ich gut, zu Papas neuem Herzen gibt es jetzt auch ein neues Gesicht!“

Nicht nur in der Beziehung zu den Kindern trat im Laufe der Zeit eine befreiende Heilung ein, auch unsere Ehe veränderte sich zum Positiven. Unser größtes Problem waren Auseinandersetzungen wegen der Kinder. Heidi meinte, ich ginge nicht richtig auf sie ein. Naja, und ich fand es nicht gut, wie sie es machte. Dadurch gerieten wir oft aneinander.

Wieder einmal hatten wir uns wegen der Kinder gestritten. Nicht so heftig wie in den Jahren zuvor, trotzdem waren wir beide betroffen und betreten. Heidi ging in die Küche, und ich blieb im Wohnzimmer. Ratlos und hilflos fragte ich: „Gott, wie soll das bloß weitergehen? Immer wieder geraten wir wegen der Kinder aneinander ...“

Es dauerte vielleicht fünf, höchstens zehn Minuten, da kam Heidi aus der Küche und entschuldigte sich bei mir. Während sie sprach, wußte ich ganz genau: „Nicht sie muß sich entschuldigen, sondern du! Du bist derjenige, der das alles verbockt hat!"

Ich war so beschämt über ihre Liebe zu mir, daß ich auf die Knie ging, um Gott zu danken. Ich wußte nicht, was ich sagen sollte. Ich fing einfach an zu beten, und zum ersten Mal in meinem Leben dankte ich Gott für meine Frau. Es fiel mir wie Schuppen von den Augen. Danach dankte ich ihm von Herzen für meine Kinder. Jetzt konnte ich sie als Geschenk und nicht als Belastung sehen. Ich begriff plötzlich, daß ich der Vater dieser Familie war und daß Gott mich gebrauchen wollte, damit sie heil bliebe. In diesem Gebet nahm ich meine Verantwortung für meine Frau und meine Kinder uneingeschränkt an, und seitdem ist es spürbar besser geworden.

Dankbar kann ich auf das zurückblicken, was Gott an uns allen getan hat. Wenn ich dabei an meine ältere Tochter Christina denke, kann ich nur staunen, wie Gott uns statt Haß und Resignation eine herzliche Zuneigung füreinander geschenkt hat. Ich brauchte viel seelische Heilung und viel von Gottes Liebe, um wahre Liebe weitergeben zu können. Dabei mußten viele Hürden genommen werden, bis ich in der Lage war, die Verantwortung vor Gott für meine Familie auch praktisch zu übernehmen.

Heidi:
Jede Frau, die sich zu Jesus bekehrt, muß sich mit ihrer biblischen Berufung als Gegenüber des Mannes auseinandersetzen. Was heißt es, sich unterzuordnen und Ergänzung und Hilfe des Mannes zu sein?

Ich konnte mich nur schwer hineinfinden. In den Jahren vor unserem Christsein, als Rolf-Dieter uns das Leben durch seine Launen schwermachte, mußte ich oft den Mund halten, um Schlimmeres zu verhindern. Um so besser verstand ich es dann in anderen Situationen, ihn durch meine spitzen Bemerkungen zu provozieren. Beides war falsch; deshalb mußte ich als junge Christin gewaltig umlernen.

Christliche Unterordnung bedeutet nicht Duckmäusertum. Als Gegenüber meines Mannes muß ich auch in manchen Situationen mutig sein und ihn in seine Verantwortung weisen können – aber mit den entsprechenden, auferbauenden Worten. Das muß man erst einmal schaffen.

Mit der Zeit lernte ich es, wenn auch mit Rückschlägen. Rolf-Dieters Bekehrung und seine Veränderung halfen mir enorm dabei.

Aber als ich aus Berlin zurückkam, sah es gar nicht so rosig aus. Trotzdem war die Beziehung zu Jesus meine Freude und meine Kraft. An jedem Morgen war es meine wichtigste Aufgabe – und so ist es bis heute geblieben –, für meine Familie zu beten und um Weisheit und Führung für den ganzen Tag zu bitten.

Im ersten Vierteljahr äußerte ich mich eigentlich wenig. Ich lebte einfach das aus, was neu in mir wuchs. Die Freude und die Freiheit in Christus überwogen so stark, daß ich es schaffte.

Zunächst mußte ich meine negativen Gedanken und mein inneres Murren in den Griff bekommen. Diese vergifteten mich nämlich und beeinträchtigten meine Beziehung zu Jesus.

Da machte Jesus mich eines Tages auf drastische Weise auf diese Sünde aufmerksam. Ich saß am Bügelbrett und hielt Zwiesprache mit meinem Herrn. Dabei fing ich an zu hadern und machte ihm Vorwürfe. Plötzlich ging es: „Tack, tack, tack!“ Bügeleisen, Eisschrank, Licht – alles war aus.

Ich erschrak und fragte: „Herr, was soll das?“

„Genauso wird der Kontakt zu mir unterbrochen, wenn du anfängst zu hadern“, ging es mir als Antwort durch den Sinn.

Betroffen tat ich Buße, und schon war der Strom wieder da. Das Ganze kam mir hinterher doch ziemlich spanisch vor. Ich erkundigte mich bei meinen Nachbarn, ob bei ihnen auch der Strom ausgefallen war. Nein, nur in unserer Wohnung. Wenn jetzt wieder bittere Gedanken in mir aufsteigen wollen, denke ich an die Lektion am Bügelbrett.

Als nächstes zeigte mir Jesus, ich dürfe nicht so viel an Rolf-Dieter herummäkeln, sondern sollte mehr für ihn beten.

Wir fuhren auf der Autobahn zu einer Verabredung. Obwohl wir spät dran waren, schlich Rolf-Dieter gemächlich mit 80 km/h dahin. In mir brodelte es: „Warum fährt er nicht schneller? Wir müssen doch pünktlich ankommen! Die Autobahn ist frei. Er könnte doch ruhig 120 fahren!"

Gleichzeitig ging es mir durch den Sinn: „Halt deinen Mund! Sag nichts!"

„Ja, aber was soll ich denn tun?"

Ich war drauf und dran, meinen Mann anzustupsen, obwohl ich wußte, daß er das absolut nicht mochte und es dadurch nur wieder zum Streit kommen würde.

Ich betete: „Herr, ich will ruhig bleiben. Bitte, mach du ihn schneller. Du weißt doch, wir haben es eilig."

Es dauerte keine zwei Minuten, und er gab Gas. Dies ist ein ganz simples Beispiel, aber typisch dafür, wie Jesus mich in die Schule nahm.

„Stillesein und Beten!" lautete für mich über längere Zeit hinweg die Devise bei den vielen kleinen, aufbrechenden Auseinandersetzungen, die früher zum größten Krach führten. Häufig ging ich ins Bad, wenn ich merkte: jetzt bahnt sich wieder dicke Luft an zwischen Rolf-Dieter und den Kindern! Dann bat ich den Herrn um Frieden und segnete die Streithähne. Ich merkte, wie es innerhalb kurzer Zeit nebenan wieder ruhig wurde, so daß ich meine Mission im Bad abschließen konnte.

Als Rolf-Dieter endlich sein Leben auch Jesus übergab, wurde vieles leichter. Typisch für eine Frau, hatte ich sofort das Empfinden: „Jetzt ist er bekehrt. Du bist aber geistlich weiter. Sag ihm, wo es lang geht!"

„Nein!“ kam es zurück. „Folge deinem Mann und unterstütze ihn. Du mußt auch noch wachsen.“

Ich lernte, daß eine Frau durch biblische Unterordnung nicht minderwertig oder unterdrückt wird, sondern daß dies eine innere Haltung ist, die sie, richtig ausgelebt, frei und sicher sein läßt.

Es ist mir eine Freude, meinem Mann zur Seite zu stehen, ihm eine Korrektur und Ergänzung zu sein. Auch wenn es mich zunächst einige Überwindung kostete, bringt es mir eine innere Befriedigung, auf ihn einzugehen, ihn mit Liebe zu umgeben und so seine Seele „auf Hochglanz zu polieren“. Ein strahlender Mann ist doch ein viel schönerer Anblick als ein griesgrämiger.

Gott hat mich Geduld gelehrt. Natürlich hätte ich manches anders und vielleicht auch schneller gemacht, aber in diesem Punkte mußte ich geschliffen werden. Kann ich Dieter für ein gewisses Anliegen nicht gewinnen, beziehungsweise spüre ich, daß er gerade keine Antenne dafür hat, halte ich mich zurück und lege die ganze Angelegenheit in Jesu Hände. Geduld und Gebet sind oftmals die besten Wegbereiter. Manchmal dauert es Monate, bis ich es für richtig halte, den nächsten Anlauf zu wagen. Ich kann mich jetzt gedulden, auch wenn es innerlich brodelt. Ich warte dann so lange, bis Dieter entspannt und aufgeschlossen ist.

Das hat nichts mit Resignation zu tun. Ich bin mir bewußt, daß Jesus meine Wünsche und Anliegen beachtet. Halte ich mich zurück, gebe ich ihm die Möglichkeit, für mich zu wirken.

Es gibt Zeiten, in denen wir Frauen lernen müssen, den Mund zu halten, und Zeiten, in denen wir die Herausforderung nicht scheuen dürfen und mutig das sagen müssen, was uns Gott aufs Herz legt. Solche Momente kenne ich auch.

Eines Tages bahnte sich wieder einmal ein Streit zwischen Rolf-Dieter und unserer großen Tochter an. Ich spürte, wie sich das Unwetter bedrohlich zusammenzog. „Herr, laß es nicht wieder so kommen wie früher!“ betete ich inständig.

Aber es wurde so. Rolf-Dieter zog sich aufgebracht ins Wohnzimmer zurück.

Ich weiß nicht, wo ich in diesem Moment den Mut her hatte, aber ich trat zu ihm und sagte bestimmt: „Rolf-Dieter, ich lasse für dich nicht zu, daß unsere gute Atmosphäre so gestört wird!“

Verdattert starrte er mich an. Ich zog schon den Kopf ein. Sein alter Zorn wollte in ihm hochkommen. Aber nein, er ging auf die Knie und bat Gott um Vergebung, daß seine alte Natur wieder die Oberhand bekommen hatte. Er konnte die Korrektur annehmen, weil er wußte, daß ich ihm helfen und ihn nicht kritisieren wollte. So verstehe ich meine Berufung als Frau an der Seite meines Mannes.

Ich fürchtete mich vor dem Älterwerden mit meinem Mann

Das halte ich für den Rest meines Lebens nicht durch! So möchte ich nicht alt werden. Wenn wir uns jetzt schon nichts mehr zu sagen haben – wie wird es dann aussehen, wenn wir 60, 70 oder vielleicht sogar 80 sind? Das ist kein Leben! Sobald das letzte Kind das Haus verläßt, werde ich gehen!

Karl-Heinz und Jutta Friedrichs

Karl-Heinz, 46 Jahre, Masseur und medizinischer Bademeister

Jutta, 47 Jahre, medizinische Fußpflegerin und Hausfrau

drei Kinder, 24, 22, 21 Jahre

„Jutta, ich will mich endlich mit einer Massagepraxis selbständig machen, und du kannst die Fußpflege übernehmen. Was hältst du davon?" eröffnete Heiner seiner Frau eines Tages.
Angesprochen hatte Heiner dieses Thema schon öfters, aber Jutta graute es davor. Allein der Gedanke daran schnürte ihr den Hals zu. Für sie war es unvorstellbar, als seine Mitarbeiterin den ganzen Tag mit ihm zu verbringen.
„Was? 24 Stunden am Tag zusammenstecken? Das kann nicht gutgehen! Merkt er denn nicht, daß wir uns schon zu sehr entfremdet haben? Das wird der Anfang vom Ende sein! Am liebsten würde ich weglaufen und alle Zelte hinter mir abbrechen!"
Doch wie schon immer in ihrer Ehe, sprach Jutta nicht über ihre Ängste und Bedenken. Um des lieben Friedens willen schluckte sie jede Bemerkung hinunter, fügte sich und bemühte sich, die Situation zu meistern.
Sie kauften sich ein Haus, richteten eine Massagepraxis ein, und Jutta besuchte eine Fußpflegeschule. Nach außen lief alles wunderbar. Sie waren beliebt, die Praxis lief gut. Friedrichs galten als ideale Familie. Die Patienten nahmen regen Anteil am Familienleben, was Jutta fürchterlich nervte. Um ihren Mann nicht bloßzustellen, tat sie tagsüber alles, um das Image zu erhalten. Nach Feierabend sah es ganz anders aus, und am liebsten hätte sie ihre Not hinausgeschrien.
Je besser die Praxis lief, um so schwieriger wurde das Zusammenleben. Heiner ging in seiner neuen Berufstätigkeit vollkommen auf. Das Familienleben kam zu kurz, in der Ehe lief nichts mehr.
„Heiner, ich halte diesen Druck nicht mehr aus! Die Hausarbeit, die Verantwortung für die Kinder, die Praxis ... Ich fühle mich total überfordert!" Jutta bemühte sich, mit ihm ins Gespräch zu kommen. „Ich komme mir vor wie ein Automat: Geldstück rein, auf den Knopf gedrückt:

wenn das Geld abgelaufen ist, kommt eine neue Münze rein."

Doch sie stieß auf taube Ohren. So gab sie es schließlich auf, sich zu wehren, und verrichtete stumm und automatisch ihre Arbeit. Mit der Zeit bemerkten auch die Patienten, daß bei Familie Friedrichs doch nicht alles so ideal lief. Jutta litt unter Migräne und nahm täglich Zäpfchen, um arbeitsfähig zu bleiben.

„Das halte ich für den Rest meines Lebens nicht durch. So möchte ich nicht alt werden! Wenn wir uns jetzt schon nichts mehr zu sagen haben, wie wird es dann aussehen, wenn wir 60, 70 oder vielleicht sogar 80 sind? Das ist kein Leben! Sobald das letzte Kind unser Haus verläßt, werde ich gehen! Lieber will ich allein alt werden, als solch ein Nebeneinanderher-Vegetieren durchstehen zu müssen!"

Juttas Entschluß stand fest!

Jutta:

Die ersten 15 Ehejahre verliefen recht harmonisch. Wir hatten drei süße Kinder, die uns sehr viel Freude bereiteten. Mit dem, was Heiner als Zeitsoldat verdiente, konnten wir zwar keine großen Sprünge machen, dafür war aber genügend Zeit vorhanden, sich den Kindern zu widmen. Heiner war großartig zu ihnen, täglich nahm er sich Zeit für sie. Wir wanderten und spielten miteinander und genossen so richtig unser Familienleben.

Ich glaube, Heiner merkte gar nicht, daß wir beide uns nicht richtig nahekamen. Die Beschäftigung mit den Kindern lenkte uns von der Vertiefung unserer ehelichen Beziehung ab. Irgendwie war ich nie mit unserer Zweisamkeit zufrieden. Wir verstanden es nicht, uns seelisch zu öffnen, jedenfalls ich nicht. Ich konnte einfach nicht frei über das reden, was mich innerlich bewegte. Heiner war impulsiv und direkt, ich dagegen verschlossen.

Vor dem gemeinsamen Altwerden hatte ich Angst. Ich wußte, eines Tages kommt der Augenblick, wo kein Kind mehr zu Hause sein wird. Solange kleine Kinder einen in Atem halten, kann eine Entfremdung recht gut kompensiert werden, man hat ja immer etwas um die Ohren. Aber wie soll es später werden?

Diese innere Barriere war mein großes Problem. Hätten wir damals eine entsprechende Ermutigung und Belehrung zur Kommunikation bekommen, wäre vieles anders gelaufen.

Meine Schwierigkeiten hatte ich aus der Kindheit mitgeschleppt und nie aufzuarbeiten gelernt. Ich bin in einer Großfamilie aufgewachsen. Vier Generationen lebten unter einem Dach. Meinen Vater verlor ich mit fünf Jahren. Ich wurde als Duckmäuser erzogen. Als ich mit 18 aus der DDR nach Westdeutschland kam, steckte ich voller Ängste, Kontaktschwierigkeiten und Minderwertigkeitskomplexe. Ein Selbstwertgefühl war mir vollkommen fremd, und das Wort „Liebe“ konnte ich nicht aussprechen, vermutlich, weil ich diese Erfahrung nie gemacht hatte. Ich gab mir alle Mühe, das zu sein, was die anderen von mir erwarteten.

Als wir dann heirateten, meinte ich, wenn wir uns nur liebten, würde es schon zu schaffen sein. Schließlich war ich bereit, alles zu tun, was in meinen Kräften stand, um eine glückliche Familie zu haben.

Wie in jeder jungen Ehe kam es auch bei uns zu Meinungsverschiedenheiten und Spannungen. Da zu Hause von uns Kindern Widersprüche nie geduldet wurden und meine Devise „Ruhe und Frieden um jeden Preis“ war, scheute ich die Auseinandersetzung, dachte mir meinen Teil und paßte mich an. Hinzu kam, daß Heiner seine Meinung manchmal recht heftig vertrat, was mich veranlaßte, mich noch mehr in mein Schneckenhaus zu verkriechen.

Innerlich war ich unglücklich, unruhig und vereinsamte immer mehr. Ich hatte auch nicht einen Menschen, eine Freundin oder so, mit dem ich über meine Nöte hätte sprechen können. Machte ich einen zaghaften Versuch, Vertrauen aufzubauen, zog ich mich bei der geringsten Verletzung wieder zurück.

So empfand ich die Zeit, die mein Mann auf Fortbildungslehrgängen verbrachte, als sehr erholsam. Ich genoß die Ruhe und den Frieden, hatte aber andererseits ein schlechtes Gewissen. Meine Beziehung zu ihm war von Angst und Unsicherheit geprägt.

Ich merkte sehr bald, daß mein Bild von einer glücklichen Ehe eigentlich ganz anders aussah. Äußerlich schien alles intakt, wir waren für andere eine ideale Familie, nur ich hatte große Schwierigkeiten. Die Leere in mir wurde immer größer, und ich fürchtete mich vor dem Älterwerden mit meinem Mann. Dieser Zustand blieb ihm allerdings verborgen, weil ich nie gelernt hatte, über meine Probleme zu reden.

Ich litt unter Depressionen, die ich recht gut überspielen konnte, und wurde oft von Selbstmordgedanken geplagt. Nur die Verantwortung den Kindern gegenüber hielt mich zurück. So schleppte ich mich mühselig und beladen durch die Jahre.

Mit der Geschäftsgründung platzte das „Eitergeschwür“, und die unbewältigten Probleme traten zutage. Heiner, der zunehmend unter der Entfremdung und dem verschlossenen Verhalten seiner Frau litt, stürzte sich um so tiefer in seine Arbeit. In Jutta, die sich nicht verstanden und angenommen fühlte, reifte der ursprüngliche Gedanke zu einem Entschluß: „Verläßt das letzte Kind das Haus, gehe ich auch! Egal, was die Leute denken. Egal, was aus Heiner wird! Er tut ja sowieso, was er will.“

Jeder igelte sich auf seine Weise ein. Die tägliche Zusammenarbeit wurde für die beiden unerträglich, und die Spannungen blieben den Patienten nicht verborgen. So verlegte Jutta ihre Fußpflege nach außerhalb. Sie kochte und wusch, Heiner ging nach der Arbeit zu seiner Freundin, und Jutta blieb nur, weil ihre Jüngste noch nicht mit der Schule fertig war.

Acht Tage nachdem das letzte Kind das Haus verlassen hatte, packte Jutta ihre Koffer. Dieser Schritt erforderte ihren ganzen Mut, denn damit zeigte sie Bekannten und Patienten, daß es in ihrer Ehe nicht mehr stimmte. „Wenn ich es jetzt nicht tue, werde ich nie den Absprung schaffen. In zehn Jahren bringe ich es nicht mehr fertig!" sagte sie sich. Sie fand eine kleine, nette Wohnung, und es machte ihr Freude, sie nach ihrem Geschmack einzurichten.

Für Heiner war dieser Schritt keine Überraschung. Er hatte es schon längst aufgegeben, an seiner Ehe zu arbeiten, und nahm einen Anwalt, um die Scheidung vorzubereiten.

Heiner:

Ich hatte ja schon seit längerer Zeit eine Bekanntschaft und war zunächst froh, daß ich den Ärger zu Hause los war. Bei meiner Freundin hatte ich jemanden, der für mich sorgte und dem ich meine Probleme erzählen konnte. Ich fühlte mich auch recht wohl dabei.

Zwischendurch erwischte es mich aber doch hin und wieder. Zum Beispiel, wenn ich nach Hause kam. Einmal schlief ich eine ganze Nacht nicht, sondern mußte über die Vergangenheit und Zukunft grübeln. War ich ehrlich, dann hatte ich doch nicht das große Los gezogen. Aber ich wußte einfach keine Antwort. Deshalb wischte ich diese Gedanken zur Seite und lebte mein Leben weiter.

In den schwierigen Jahren zuvor hatten Jutta und Heiner sich schon unabhängig voneinander mit Glaubensfragen befaßt und auch den Weg der Nachfolge betreten. Sie hatten allerdings keine Weiterführung und keinen Halt in einer Gemeinde erfahren. So kam Jutta unter einen unguten Einfluß. Heiner stieß dieser Umgang ab, und schließlich gaben beide enttäuscht wieder auf. Als Jutta in ihrer neuen Wohnung zur Ruhe kam, begann sie, sich erneut mit Glaubensfragen zu beschäftigen.

Jutta:
Ich genoß die Ruhe und die Selbständigkeit meines neuen Lebens in meiner süßen, kleinen Wohnung. In den stillen Stunden hatte ich den Eindruck, als ob Gott mir besonders nahe wäre. Mir war, als sagte er mir, daß er mich nicht verachte und mich sehr liebte, ich brauchte mich nicht zu fürchten. Das war Balsam für meine verwundete Seele. Ich erfuhr Heilung und hatte endlich die Gewißheit, von Jesus angenommen zu sein. Die Depressionen verschwanden.

In Ruhe überdachte ich mein Leben und stellte fest, daß ich meinen Mann immer noch liebte. 24 Ehejahre konnte ich schließlich nicht mit einer Handbewegung vom Tisch wischen. Diese Empfindungen erfreuten und befreiten mich.

Mir wurde auch bewußt, daß ich nach wie vor Verantwortung für Heiner hatte und Weglaufen wohl doch nicht die richtige Lösung gewesen war. Was hatte ich getan, um ihn von seinem falschen Weg abzuhalten? Wodurch hatte ich ihm Anlaß gegeben, sich von mir abzuwenden?

Obwohl ich wußte, daß Heiner eine Freundin hatte und sein Anwalt an der Scheidung arbeitete, wollte ich noch einmal mit ihm sprechen. Auf meine Briefe reagierte er ziemlich bockig, so ging ich zu ihm hin: „Heiner, ich habe festgestellt, daß ich dich nach wie vor liebe. Welche Konsequenzen du jetzt daraus ziehst, ist deine Sache."

„Das ist mir doch egal!" lautete seine Antwort. Über eine lange Zeit ließ er nichts von sich hören. Seine Reaktion bedrückte mich nicht, ich gab unser Leben in Gottes Hand und betete für unsere Zukunft.

Schließlich stand das neue Jahr vor der Tür. „Herr, gib mir bitte Klarheit. Ich möchte mit einer bestimmten Entscheidung in das neue Jahr gehen. Soll ich Heiner noch einmal ansprechen?"

Ich hatte den Eindruck, daß es richtig wäre. So trafen wir uns kurz nach Weihnachten zu einem Gespräch.

Heiner:
Nun, ich hatte meine Freundin und konnte mir durchaus vorstellen, mit ihr zusammenzuleben. Ich war zur Scheidung entschlossen, war der Meinung, ein letztes Mal könnte ich mich ja noch mit Jutta treffen. Doch ich versprach mir nichts von dem Besuch.

„Ich frage mich, warum ich eigentlich zu dir gekommen bin", waren meine Worte, als wir beim Tee auf ihrem Sofa saßen. „Du hast doch den Brief von meinem Anwalt erhalten. Ich möchte, daß wir uns in Güte trennen und es auch für die Kinder nicht zu peinlich wird." So redeten wir vielleicht eine Stunde ziemlich aneinander vorbei.

Tja, und auf einmal ging uns der Stoff aus, und wir wurden still. Eine ganze Weile sagte keiner etwas. Und plötzlich – ich weiß nicht, wie es dazu kam –, plötzlich wurde mein Herz mit einer großen Liebe zu Jutta erfüllt. Ich fing an zu weinen, wir nahmen uns in die Arme, beteten miteinander – wie lange hatte ich nicht mehr gebetet? –, und dann erzählten wir stundenlang. Da wurde mir klar: wir gehören zusammen! Gott hatte uns noch einmal eine Chance gegeben. Das war eine Situation, die ich nicht erwartet hatte.

Ich hörte mich fragen: „Jutta, kannst du dir vorstellen, wieder nach Hause zu kommen?"

Die Hartherzigkeit, der Haß, die Frustrationen waren fort! Plötzlich war ihre Beziehung neu geworden. Jutta wurde nicht von einer überschwenglichen Freude ergriffen, aber von einem wunderbaren Frieden. Sie wußte, das Zurückkehren war Gottes Wille. Jesus würde ihre Beziehung erneuern und Herr ihrer Zukunft werden.

Sie genoß noch einige Tage die Unabhängigkeit und die ungewohnte Art des Umworbenwerdens und ging danach mit einem Herzen voller Hoffnung und guten Willens nach Hause.

Das erste Vierteljahr war nicht leicht, schwerer, als Jutta es sich vorgestellt hatte. Die beiden wußten nicht so recht miteinander umzugehen. Alte Wunden rissen auf, es mangelte an Kommunikation. Aber sie waren fest entschlossen, nicht nachzugeben und Vertrauen aufzubauen. Seelsorgerliche Gespräche und ein Eheseminar waren eine große Hilfe, um seelische Schwierigkeiten zu überwinden und zu einer neuen Ehestrategie zu finden.

Nach einem Jahr des erneuten Zusammenlebens traf ich die beiden wieder und konnte ihnen einige Fragen stellen:

Sagt mal, ihr lebt jetzt schon ein Jahr wieder zusammen. Es sieht nicht so aus, als wenn ihr unglücklich wäret. Was ist im Vergleich zu früher besser geworden?

Jutta:
Das Größte für mich ist, daß wir es tatsächlich geschafft haben, Vertrauen aufzubauen und miteinander zu reden.

Ich weiß, das war früher dein größtes Problem. Wie habt ihr das in den Griff bekommen?

Jutta:
Nun, das erste Vierteljahr war ganz schlimm. Ich wollte mich gern Heiner öffnen, wollte ihm sagen: „So und so empfinde ich", aber ich packte es nicht.

„Jetzt mußt du aufpassen", sagte ich mir, „daß du nicht wieder falsch reagierst und die Schotten dicht machst. Du weißt, daß Gott dich liebt, und das ist das einzig Entscheidende."

So habe ich mich Heiner Stück für Stück geöffnet. Wenn er auf seine direkte Art etwas sagte, was mir weh tat, habe ich mich zunächst gefragt: „Warum tut mir das eigentlich so weh? Wo sind denn bei mir noch die Macken, durch die ich so verletzt reagiere?"

Wie gesagt, das war für mich ein hartes Stück Arbeit, aber

auch unwahrscheinlich befreiend. Ohne den neuen Anfang im Glauben hätte ich es wohl nicht geschafft. Aber es ist einfach so: die Beziehung zu Jesus bringt unglaublich viel Befreiung und Freude und trägt dazu bei, Vertrauen in den anderen zu setzen.

Heiner:
Ja, inzwischen haben wir beide dieses absolute Vertrauen aufgebaut. Wir wissen, daß Jesus unser ganzes Leben in der Hand hält und uns leitet.

Wenn wir jetzt unterschiedlicher Meinung sind, bringen wir es deutlich zum Ausdruck, wobei wir versuchen, den anderen nicht zu verletzen. Und selbst in einer gefühlsbetonten Situation ist es möglich, ganz anders als früher zu reagieren, weil einfach das Vertrauen da ist.

Jutta:
Für mich ist es nach wie vor das Schönste, daß wir miteinander reden können, auch über Dinge, von denen man weiß, der andere versteht es vielleicht nicht. Heute kann ich sagen: „Heiner, das empfinde ich aber ganz anders!" oder: „Das tut mir einfach weh, wenn du das so sagst!" Früher hätte ich das nie fertiggebracht.

Heiner:
Auch ich hätte mir vor einem Jahr nicht im Traum vorstellen können, daß wir über alles reden und sogar miteinander beten könnten ...

Jutta:
Ja, wirklich, wir haben früher nie miteinander in der Bibel gelesen und gebetet.

Und jetzt tut ihr es regelmäßig?

Heiner:
Ja, meistens abends. So vor dem Schlafengehen, von halb zehn bis zehn. Überhaupt teilen wir unsere Zeit ganz anders ein. Wir gehen anders mit dem Tag um, nehmen ihn wie ein Geschenk, und es ist uns ein Bedürfnis, kein Krampf, miteinander in der Bibel zu lesen, darüber zu sprechen und zu beten. Es macht einfach Freude.

Mit der Zeit haben sich viele Dinge und Gewohnheiten, die den anderen störten, geändert. Einfach so, ohne Zwang. Manchmal haben wir es erst hinterher gemerkt. „Merkwürdig. Ist dir eigentlich aufgefallen, daß es dir gar kein Bedürfnis mehr ist ...?"

Zum Beispiel mußte ich jeden Tag Fernsehen. Jeden Tag mußte ich informiert sein über Liebe, Tratsch und Vereinsgeschichten. Doch das verschwand von ganz allein. Plötzlich verschlang ich wieder Bücher und hatte Freude am Lesen.

Ich bekam einen tiefen inneren Frieden und brauchte meinen Patienten nicht mehr den ganzen Schwachsinn zu erzählen, mit dem ich mich früher fast ausschießlich befaßt hatte. Jetzt kann ich meine Arbeit auch ganz ruhig tun, mich besser auf den Menschen, den ich gerade behandle, einstellen und ihm zuhören.

Das nächste Problem, das anstand, war mein Pfeiferauchen. Schon seit Jahren wußte ich, daß ich damit aufhören müßte. Aufgrund einer schweren Beckenthrombose leide ich unter einer 50prozentigen Behinderung. Und wenn man Gefäßstörungen hat, sollte man wissen, daß man nicht rauchen darf. Aber meine schönen Pfeifen waren für mich immer der Inbegriff von Gemütlichkeit. Ohne die Feierabendpfeife ging es eben nicht.

Doch von heute auf morgen brauchte ich diese Art von Gemütlichkeit nicht mehr. „Komm, Jutta", sagte ich, „jetzt beenden wir den ganzen Mist. Ich werfe sie in den Mülleimer!"

Kannst du dir das vorstellen? Von da an hatte ich nie wieder das Bedürfnis, Pfeife zu rauchen!

Diese Veränderungen müssen sich ja entscheidend auf euren Eheall-tag ausgeübt haben.

Jutta:
Ja, so ist es. Aus unserer neuen christlichen Freiheit heraus gehen wir wesentlich toleranter miteinander um und geben uns größeren Freiraum. Man ist dem anderen nicht böse, wenn er nicht das gleiche will oder tut wie man selbst. Weil ich weiß, daß Heiner mir meine Entscheidungsfreiheit läßt, gehe ich auch viel lieber auf ihn ein. Zum Beispiel geht er gern mal in ein Konzert oder ins Theater. Das liegt mir nicht so. Aber warum soll ich nicht mit ihm gehen? Er tut ja auch manches mir zuliebe.

Heiner:
Unsere ganze Beziehung ist lockerer geworden. Andererseits gibt es Dinge, die wir sehr gern zusammen unternehmen. Das gemeinsame Spazierengehen zum Beispiel haben wir neu entdeckt. Weil wir den ganzen Tag mit Menschen zu tun haben, sind diese ein bis zwei Stunden Bewegung für uns eine Wohltat. Für mich ist es eine unbeschreiblich schöne Zeit. Da können wir miteinander reden oder auch schweigen und einfach die Gemeinschaft genießen.

Jutta:
Für unseren gesamten Lebensstil haben wir neue Prioritäten gefunden. Das Leben ist ja auch anders geworden, jetzt, da die Kinder aus dem Haus sind. Zeit ist etwas Kostbares und muß gut ausgenutzt werden. Wir sind nicht dazu da, um nur zu schaffen und zu schaffen. Und warum soll ich mich um den morgigen Tag sorgen? Der heutige Tag ist wichtig, und an dem möchte ich etwas Gutes tun.

Es ist einfach schön, gemeinsam für andere Menschen dazusein, mit ihnen Zeit zu verbringen, zu helfen und mit ihnen zu beten. Wenn wir geben, sind wir hinterher die Beschenkten.

Wenn ich euch beide so höre, denke ich, daß ihr euch jetzt auch durchaus vorstellen könnt, glücklich miteinander alt zu werden?

Jutta:
Ganz sicher! Und in diesem Jahr feiern wir ausgerechnet unsere Silberhochzeit. Das ist etwas Wunderschönes. Früher sagte ich einmal: „Sollte sich in unserer Ehe etwas ändern, wär's doch schön, wenn es bis zu unserem 25. Hochzeitstag geschähe! Aber daß es so schnell geschehen würde, hätte ich nicht geglaubt!

Die Prioritäten falsch gesetzt

Auf dem Hintergrund meiner bitteren Erfahrungen empfehle ich allen Ehepaaren, nach der persönlichen Beziehung zu Gott der Familie den ersten Platz einzuräumen, noch vor der Arbeit im Reich Gottes und vor dem Beruf.

Hans und Rosemarie Ebeling
Hans, 55 Jahre
Rosemarie, 57 Jahre
vier Kinder,
31, 29, 28, 25 Jahre

Hans und Rosemarie, ihr seid jetzt Mitte Fünfzig. Eure Kinder sind schon groß und aus dem Haus. Anders als junge Ehepaare habt ihr die Möglichkeit, auf euer Familienleben zurückzuschauen. Hans, du sagtest einmal, du hättest die Prioritäten falsch gesetzt. Das ist ja eine bittere Bilanz!

Hans:
Ja, ich beneide die Menschen, die auf ihr Familienleben zurückschauen und guten Gewissens sagen können: „Im großen und ganzen war es eine schöne Zeit!"

In einem falschen christlichen Eifer habe ich einige grundlegende Fehler begangen. Wenn ich dieses Thema anschneide, dann hauptsächlich aus dem Grund, um jungen Ehepaaren die Augen zu öffnen und insbesondere Männer, die ähnlich geartet sind wie ich, vor Fehltritten zu bewahren.

Erzähle einmal aus deinem Leben!

Rosemarie und ich haben eine feine Familie mit vier Kindern. Das ist nicht wenig, und es forderte eine Menge Arbeit, besonders als sie noch klein waren. Solange ich in meinem Beruf als Bäckermeister tätig war, hatte ich trotz aller beruflichen Anspannung genügend Zeit und Energie für unser Familienleben.

Doch dann bekam ich einen Ruf als Pastor einer freikirchlichen Gemeinde. Ich absolvierte eine Bibelschule in Dänemark und gab mich anschließend voll meiner Berufung hin. Leider hatte ich ein zu enges, wenn nicht falsches Verständnis von der Aussage Jesu: „Trachtet zuerst nach dem Reiche Gottes und seiner Gerechtigkeit, so wird euch alles andere zufallen!" (Matthäus 6,33).

Für mich umfaßte damals dieses „Trachten nach dem Reich Gottes" allein die Dinge, die unmittelbar etwas mit Gemeindebau zu tun hatten: evangelistische, belehrende, seelsorgerliche und soziale Tätigkeiten. Daß die wichtigste

Voraussetzung für diesen Dienst in 1. Timotheus 3,5 aufgeführt ist, berücksichtigte ich damals nicht: „Wenn aber jemand dem eigenen Hause nicht vorzustehen weiß, wie wird er für die Gemeinde Gottes sorgen?“

Ich hatte aber auch niemanden, der mir half, die Prioritäten richtig zu setzen, und so stürzte ich mich in die Gemeindearbeit und ging völlig darin auf. Meine Frau und die Kinder kamen dabei jedoch zu kurz. Natürlich litt ich unter diesem Zustand. Ich beobachtete, wie Rosemarie allmählich bitter wurde, und merkte, daß wir immer weniger Zeit zum Gespräch fanden. Wenn wir miteinander sprachen, wurden unsere Worte immer härter. Trotzdem meinte ich leichtfertig: „Sie wird schon durchkommen. Schließlich arbeiten wir für den Herrn, und ich bete ja treu für sie!“

Und unsere vier Kinder? Für sie blieb viel zu wenig Zeit! Wandern, basteln, spielen, erzählen – dazu reichte es nicht. Statt dessen setzte ich sie mit meinen Forderungen noch unter Druck.

Leistungsdruck von außen und eine persönliche Tendenz zu frommer Selbstverwirklichung waren der Motor, der mich vorwärtstrieb. Letzteres war nicht so offensichtlich. Aber ich wollte es zu etwas bringen. Die Gemeinde sollte ständig wachsen, und ich setzte alles dran, ein angesehener Pastor zu sein.

Doch je mehr ich in der Gemeinde und mit mir selbst kämpfte, um so härter wurden zu Hause die Auseinandersetzungen mit Rosemarie. Sie machte nicht mit, und als es um die Versetzung in eine andere Gemeinde ging, streikte sie.

Rosemarie, warum konntest du den Dienst deines Mannes nicht weiter unterstützen? Worunter hast du gelitten?

Rosemarie:

In mir wuchs mit den Jahren zunehmend das Gefühl des Nichtverstandenwerdens, des Überfordertseins, der Ablehnung und der Bitterkeit. Und es gab keine Gesprächsmöglichkeit und kein Ventil, um diese Gefühle herauszulassen.

Hans hatte keine Zeit mehr für mich. Praktische Aufgaben, die er früher in der Familie wahrnahm, erledigte er nicht mehr. Ich fühlte mich von ihm einfach im Stich gelassen und verschloß mich immer mehr. Ich wurde bitter. Unsere Gespräche beinhalteten harte Vorwürfe und Beschuldigungen.

Als wir heirateten, war ich mir meiner körperlichen und nervlichen Schwachheit sehr wohl bewußt. Hans versprach mir damals: „Ich helfe dir!" Darauf hatte ich mich verlassen. Das erklärt vielleicht auch meine bittere Enttäuschung, als ich feststellen mußte, nachdem er im Gemeindedienst stand, daß er mich einfach links liegenließ und sich nicht um mich kümmerte. Für ihn galt nur noch das Reich Gottes, und ich sollte mitziehen: die freundliche Frau Pastor sein, immer Gäste aufnehmen, mit Schwung den Haushalt schmeißen, für alle Kinder zuständig sein. Aber das schaffte ich schon rein körperlich nicht.

Hinzu kommt, daß ich mich schon als Kind von meinem Vater abgelehnt fühlte. Leider trank er zuviel, er zeigte mir wenig Liebe, denn eigentlich hätte ich ein Junge werden sollen. So konnte ich kein Vertrauen zu ihm fassen.

Und dann erlebte ich, ohne es mir richtig bewußt zu machen, das gleiche bei Hans: alleingelassen, abgelehnt, ohne Vertrauen. In mir war keine Freude zum Leben mehr. Das Schlimmste war, daß ich weder Gott noch meinen Mann, weder die Gemeinde noch mich selbst verstand. Das Ganze erscheint mir heute wie ein Gefängnis, aus dem ich damals keinen Ausweg sah.

Hans:
Als Rosemarie nicht mehr mitmachte, stellte ich mit Bestürzung fest, daß ich in eine Sackgasse geraten war. Ich wußte nicht mehr, wie es weitergehen sollte. Mit mir und meiner Ehe war ich am Ende. Aufrichtig und verzweifelt schrie ich zu Gott um Hilfe.

Da zeigte er mir, wie in einem Film, mein falsches, egoistisches Denken und Streben. Das war so niederschmetternd, daß ich mir vorkam wie ein Mörder an meiner Frau und meinen Kindern. Als der Film abgelaufen war, ich die Wahrheit über mich erkannte und die Schuld an Jesus abgeben konnte, kam Erleichterung über mich. Ich hatte nicht den Eindruck, daß alles kaputt sei, sondern eher das Empfinden: „Jetzt werden wir einen neuen Weg beschreiten!"

Schweren Herzens löste ich mich von meiner Pastorenstelle. Meine Frau und ich besuchten einige Monate einen Lehrgang von „Jugend mit einer Mission". Dort lernten wir die Familienarbeit kennen, in der wir jetzt tätig sind. Dadurch bekamen wir eine neue Grundlage für unsere Nachfolge und unser Leben zu zweit.

Nach Hause zurückgekehrt, war ich zunächst arbeitslos. Wir ließen uns jedoch dadurch nicht niederdrücken, sondern nutzten diese Phase für unsere Ehe. Jetzt habe ich eine Stelle als Hausverwalter. Unsere Ehe aber ist schöner als je zuvor!

Das ist aber ein starker Ausspruch: „Unsere Ehe ist schöner als je zuvor!" Das sagt ihr nach 32 Ehejahren? Was macht ihr denn jetzt grundlegend anders als vor zehn Jahren?

Hans:
Ein Bereich war durch alle unsere Ehejahre hindurch unterbelichtet: das Gespräch miteinander. Die Gründe habe ich ja schon umrissen. Im Rahmen der Jüngerschaftsschule besuchten wir ein erstes Eheseminar. Dort bekamen wir den Anstoß, wieder und besser aufeinander zu hören. Die anschließende Zeit der Arbeitslosigkeit war uns auf dem Weg zu diesem Ziel eine enorme Hilfe. Jeden Tag haben wir uns hingesetzt und uns unterhalten. Wir haben die Bibel genommen, darin gelesen, uns ausgetauscht und gebetet. Das habe ich früher alles nur für mich allein gemacht. Jetzt, da ich wieder voll im Arbeitsleben stehe, können wir unsere gemein-

same Andacht weiterführen, weil wir darin geübt sind und auch ein tiefes Bedürfnis danach haben.

Unsere Zeit wird jetzt ganz anders eingeteilt: wir unternehmen zusammen etwas, wandern, wir dienen gemeinsam dem Herrn Jesus, zum Beispiel in der Familienarbeit. Früher, wenn Rosemarie mich bat, zu einem Einkaufsbummel mitzukommen, tat ich es nur mit einem schlechten Gewissen. Ich meinte, das Reich Gottes würde dadurch vernachlässigt werden. Das hat sich geändert. Inzwischen begleite ich sie gern, aber ich muß lernen, Rosemarie Freiheit zu lassen, ihren eigenen Geschmack und ihre eigene Persönlichkeit zu entwickeln. Erst jetzt habe ich gemerkt, wie dominierend ich in den vergangenen Jahren war. Ich meinte, den besseren Geschmack zu haben. So hatte ich zum Beispiel die Möbel ausgesucht und die Räume eingerichtet und Rosemarie kaum einen Freiraum gegeben. Jetzt hat jeder sein eigenes Zimmer, das er sich selbst einrichtet. Auch in Modefragen rede ich nicht mehr dazwischen. Wir können einander besser akzeptieren und lassen dem anderen die Freiheit, seine Persönlichkeit zu entfalten.

Rosemarie:
Daß es uns jetzt so gut geht, liegt auch daran, daß wir unsere Vergangenheit mit Gottes Hilfe in der Seelsorge aufgearbeitet haben. Hätte ich doch nur früher etwas über „innere Heilung“ erfahren, dann wären uns viele Nöte erspart geblieben!

Ich sagte schon, daß ich keine Freude mehr am Leben hatte und mir vorkam wie in einem Gefängnis, aus dem ich keinen Ausweg sah. Schließlich entschloß ich mich, keine Hilfe bei Menschen zu suchen, sondern allein Gott meine Not zu klagen. Als Antwort bekam ich ein Bibelwort aus Jesaja 40,2, das ich so verstand: „Die Zeit deiner Sklaverei ist zu Ende!“ Ich war sprachlos vor Staunen. Gott wußte also, daß ich mich wie eine Sklavin fühlte, und er verurteilte mich nicht. Das war für mich eine ganz neue, ermutigende Erfahrung.

So wagte ich es, mich einem kleinen Gebetskreis anzuschließen, in dem ich Annahme und Gebetsunterstützung erfuhr. Schritt für Schritt erfuhr ich mehr von Gottes Liebe. Eines Nachts standen mir die Worte aus Psalm 118,14 deutlich vor Augen: „Meine Stärke und mein Loblied ist der Herr. Er ward mir zum Heil ...!“ Ein großes Glücksgefühl erfaßte mich. Ich merkte, wie sich die Tür meines Gefängnisses öffnete, und ich wollte hinausgehen ...

Aufgrund meiner neugewonnenen Erfahrungen gewann ich die Kraft, meinem Vater, der mich nicht gewollt und nicht akzeptiert hatte, zu vergeben. Diese Vergebung bewirkte in mir eine nie gekannte Lebensfreude. Jeden Tag konnte ich mich neu freuen. Meine eigene Schuld durfte ich erkennen und abladen und kam endlich aus der fatalen Haltung heraus, ständig andere Menschen für mein früheres Unglück verantwortlich machen zu wollen.

Dieser Prozeß der inneren Heilung und Befreiung zieht sich nun schon über einige Jahre hin. Ich durfte in Jesus den Herrn finden, der mich in allem versteht und alle meine Nöte selbst durchlitten hat. Ich erlebte Gott als meinen liebenden Vater, der die Beziehung zu meinem Mann und meinen erwachsenen Kindern wiederhergestellt hat. So wurde unsere Ehe erneuert und ist heute tatsächlich schöner als je zuvor. Am schönsten ist, daß ich jetzt zusammen mit meinem Mann Jesus dienen kann mit den Gaben, die er mir gegeben hat. Ich bin gespannt, was Gott noch alles mit meinem Leben vorhat.

Welche Ratschläge würdet ihr einem jungen Ehepaar zur Frage der Prioritäten für Ehe und Familie geben?

Hans:
Auf dem Hintergrund meiner bitteren Erfahrungen empfehle ich, der Familie nach der persönlichen Beziehung zu Gott den ersten Platz einzuräumen, noch vor der Arbeit im

Reiche Gottes und dem Beruf. Ich meine, die Bibel sieht das auch so. Das Reich Gottes schließt die Familie ein. Für Gott ist die Familie überaus wichtig, und die Bewährung in dieser kleinen Zelle ist immer Voraussetzung für den weiteren Dienst.

Die berufliche Arbeit und der Einsatz im Reich Gottes sollten nach Möglichkeit so eingeteilt werden, daß genügend Zeit und Kraft für die Ehe und die Familie bleibt. Das wird immer ein Kampf sein, das kann Verzicht auf wichtige oder liebgewonnene Dinge bedeuten, das kann auch Mißverständnisse mit anderen Christen heraufbeschwören. Trotzdem würde ich jungen Menschen, die dabei sind, eine Ehe und Familie aufzubauen, ermutigen, die Prioritäten so zu setzen.

Rosemarie:
Und ich würde raten, möglichst vor der Ehe an der eigenen Persönlichkeit zu arbeiten. Um zu große Belastungen für die junge Ehe und Familie zu vermeiden, sollten die schwersten Verletzungen aus der Vergangenheit, wie zum Beispiel Ablehnung oder Mangel an Geborgenheit, entdeckt und aufgearbeitet werden. Jesus kann innere Heilung schenken. Bei mir wurde es versäumt, und so verbrachte ich die meisten Jahre meiner Ehe wie in einem seelischen Gefängnis.

Ein junger Ehepartner sollte niemals Bitterkeit oder Unversöhnlichkeit in sich aufstauen und darauf achten, durch seine Beziehung zu Jesus eine freie Persönlichkeit zu bleiben und nicht ein Mensch zu werden, der nur das tut, was andere von ihm erwarten.

Vielen Dank, ihr beiden. Ich meine, daß ihr durch eure Ehrlichkeit jungen Menschen Mut macht, die Prioritäten in ihrer Ehe und Familie richtig zu setzen, so daß sie, wenn sie später einmal auf ihre Ehe zurückschauen, sagen können: es war eine gute und segensreiche Zeit.

Lieben, wo es nichts mehr zu lieben gibt

Irgendwann dachte ich, das machst du nicht mehr mit! Die Zukunft sah für mich so trost- und aussichtslos aus. Raus aus einer Kur, rein in die nächste. Was hatte ich von Ulla und meinem Leben? „Mann, ich bin doch noch so jung! Womit habe ich das nur verdient? Am besten suche ich mir eine andere Frau. Das machen doch alle so!"

Dieter und Ulla Draheim

Dieter, 44 Jahre, Heizungsmonteur

Ulla, 41 Jahre, Stenokontoristin, jetzt Hausfrau und Mutter

ein Kind, 18 Jahre

„Ulla, wo steckst du denn nur?“ ruft Dieter, während er durch die Zimmer seines Häuschens eilt. Er kann seine Frau nicht finden. Erschöpft von der Arbeit legt er seine Sachen ab und geht zu den Schwiegereltern hinüber.

Die kommen ihm schon entgegen: „Dieter, Ulla hat sich heute nach Königslutter einweisen lassen.“

Königslutter? Verrücktenanstalt! Jetzt ist alles aus! Alles vorbei!

„Noch nicht einmal einen Zettel hat sie geschrieben! Einfach abgehauen!“ Dieter vergräbt verzweifelt sein Gesicht in den Händen. „Wie lange muß ich das noch aushalten? Jetzt ist aber Schluß! Das durfte sie mir nicht antun! Ich werde sie nicht ein einziges Mal besuchen!“

Dieter:
Ich hatte gläubige Eltern. Ich kannte die Bibel. Aber zu einer Hingabe an Jesus reichte es nicht. Da fehlte noch irgend etwas. Fromm leben zu müssen, ohne eine lebendige Beziehung zu dem auferstandenen Herrn zu haben, das ist das Trostloseste, was man sich vorstellen kann.

Fragte ich: „Mama, darf ich in den Fußballverein?“ lautete die Antwort: „Nein, das tut man als Christ nicht!“

Mein Entschluß stand fest: „Wenn ich achtzehn bin, hole ich alles nach, was ich als Kind versäumt habe.“

Das tat ich dann auch. Ich verdrängte alles, was irgendwie mit Christentum zu tun hatte, und genoß meine Freiheit in vollen Zügen. Wenn ich heute daran zurückdenke, bekomme ich eine Gänsehaut ...

Ich bewegte mich ständig am Rande der Kriminalität. Schnell fand ich eine Clique, mit der ich mich herumtrieb. Der Alkohol floß in Strömen. In frohen Stunden wurde getrunken, in schweren erst recht. Wir fanden immer Anlaß, einen zu heben.

In unserem Dorf, auf dem Tanzboden, lernte ich Ulla kennen. Ich mußte mir mächtig einen antrinken, um den Mut zu finden, sie anzusprechen. Wir mochten uns. Irgendwie merkte ich: „Ulla hab' ich lieber als alle anderen Mädchen. Warum nicht heiraten?"

Ich kam gar nicht darauf, nach der Hochzeit den Stil meines Junggesellenlebens zu ändern. Klar, es war schön, mit einer Frau zusammenzuleben und auch einmal eine Familie zu haben, aber mein altes Leben wollte ich nicht aufgeben. Schon vom ersten Jahr an ging unsere Ehe Stück für Stück in die Brüche. Ich erkannte es nur nicht.

Meine früheren Schulkameraden hatten auch geheiratet, und so steckten wir meist mit vier, fünf Ehepaaren zusammen, ob es bei den Schützenfesten oder bei anderen Feiern war.

Ich war ein zuverlässiger Handwerker. Während der Arbeitszeit trank ich nichts. Wenn ich jedoch nach der abendlichen Schwarzarbeit auf dem Weg nach Hause an der Dorfkneipe vorbeischlenderte, zog es mich mächtig hinein. Und dann hing ich oftmals bis morgens um drei an der Theke.

Hielt ich mich doch einmal zu Hause auf, suchte ich einen Vorwand: „Ulla, ich hol mal schnell 'ne Schachtel Zigaretten!" Ich wußte genau, was kam. Hauptsache, weg von zu Hause und zu den Kumpeln in die Kneipe!

So hatte sich Ulla eine Ehe doch nicht vorgestellt. Nun gut, da waren die Feiern mit den alten Freunden, die Abwechslung brachten, aber sonst hatte sie wenig von ihrem Dieter. Für sie war es schwer, Abend für Abend allein verbringen zu müssen. Dabei brauchte sie dringend seine Fürsorge und Wertschätzung.

Ulla:

Seit meinen Teenagerjahren hatte ich Schwierigkeiten, mich selbst anzunehmen. Als ich in der Pubertätszeit merkte: ich werde eine Frau, habe ich mir irgendwie nicht gefallen und immer an mir rumgemäkelt. „Ich müßte doch schlanker sein. Ich könnte doch besser aussehen und außerdem: meine zu roten Wangen, fürchterlich!"

Ich steigerte mich in riesige Minderwertigkeitskomplexe hinein. Als ich dann Dieter kennenlernte, fragte ich ihn immer wieder: „Magst du mich wirklich? Willst du mich trotz meines Aussehens heiraten?"

Er schien aus allen Wolken zu fallen und beteuerte mir, daß er mich so möge, wie ich war. Aber überzeugen konnte er mich nicht. Ich steckte voller Unsicherheit und Komplexe. Der Mangel an Gesprächen und sein häufiges Fernbleiben taten meinem Wertgefühl nicht gerade gut. Es war sehr schwer für mich. Schließlich drohte ich, mich scheiden zu lassen. Ich sah keine andere Möglichkeit, Dieter zur Einsicht zu bringen. Doch ein Leben allein mit unserer kleinen Tochter hätte ich mir auch nicht zugetraut.

Für ein paar Wochen gab sich Dieter Mühe. Dann war er wieder der alte. Bei unseren Feiern tranken wir viel Alkohol, und ich merkte, wie ich mich dadurch entspannte und meinen Kummer vergaß. So hielt ich tüchtig mit.

Allmählich stellten sich bei mir Schlafschwierigkeiten ein. Erschwerend war, daß Dieter abends seine Musik unerträglich laut einstellte. Doch dann beging ich einen großen Fehler: ich füllte ein Wasserglas halbvoll mit Hochprozentigem, schüttete ihn runter und legte mich schlafen. Eine wohlige Wärme ergriff mich. Ich konnte endlich aufhören zu grübeln. Die Gefährlichkeit dieses „Trösters" erkannte ich allerdings nicht. Bald tat ich es regelmäßig und wurde abhängig.

Dieter:
Über Alkoholabhängigkeit hatten wir uns wenig Gedanken gemacht. Trinken gehörte nun einmal zum geselligen Leben. Bald jedoch wurde ich mißtrauisch: „Mann, was die an einem Abend so wegkippt!" Ich machte mir Sorgen, wenn ich meine beschwipste Frau nach einer Feier nach Hause brachte. Hatte ich einmal keine Fahne, stellte ich fest, daß Ulla immer eine hatte. An allen möglichen Orten im Haus waren Schnapsflaschen versteckt. Ich machte Ulla fürchterliche Vorwürfe, nahm ihr die Pullen weg und ging in die

Kneipe, um meinen Ärger runterzuspülen. „Hoffentlich merken das die anderen nicht! Wie ist so etwas nur möglich? Meine Frau und alkoholabhängig? Was werden unsere Freunde von uns denken?"

Dieters Befürchtungen bestätigten sich. Um Weihnachten herum war es so schlimm, daß Ulla eine ärztliche Behandlung suchen mußte und sich einer Therapiegruppe anschloß. Drei Jahre kämpfte sie, um trocken zu werden. Als Folge stellten sich schwere Depressionen ein. Sie fuhr von einer Kur zur anderen. Jedesmal kam sie in einem schlechteren Zustand zurück, als sie vor der Kur gewesen war. Es war kein Leben mehr. Zweimal versuchte sie, Selbstmord zu begehen, wurde aber gefunden und mußte weiterleben. So ging es über einige Jahre hinweg. Schließlich wollte und konnte Dieter nicht mehr mitmachen. Es ging ihm zu sehr an die Substanz. Kam Ulla nach sechs Wochen Kuraufenthalt nach Hause, ging es nicht einmal eine Woche gut, dann wollte sie schon wieder zur nächsten Kur.

Dieter:
Irgendwann dachte ich: „Das machst du nicht mehr mit!" Die Zukunft sah für mich trost- und hoffnungslos aus. Raus aus einer Kur, rein in die nächste. Was hatte ich noch von meiner Frau und von meinem Leben?

„Mann, ich bin doch noch so jung! Womit habe ich das nur verdient? Ich glaube, ich such mir eine andere Frau. Das machen doch alle so!"

Saß ich trübsinnig hinter meinem Bier in der Kneipe, bekam ich Unterstützung von meinen Kumpeln. „Nimm es nicht so schwer. Schaff dir 'ne neue Frau an, und fertig ist die ganze Sache! Der und der, die haben sich auch scheiden lassen!"

Ulla kämpfte sich mit Rückfällen und Depressionen durchs Leben. Dieter trank munter weiter. Was für eine

seelische Grausamkeit! Bei den Feiern becherte Dieter fleißig mit, und Ulla hockte daneben und mußte trocken bleiben. Nur ein Glas, und die ganze Sucht würde wieder aufbrechen.
Innerhalb der Beratungsstelle für Suchtgefährdete der Anonymen Alkoholiker wurde ein neuer Kursus angeboten. „Gesprächskreis für Glaubensfragen" nannte er sich. Da das Ehepaar Draheim den Leiter schon kannte und wegen seiner verständnisvollen Art sehr schätzte, gingen sie hin. Bei den Diskussionen stellte sich heraus, daß der Leiter, Herr Buttgereit, ein überzeugter Christ war. Das paßte manchen nicht. Deshalb schrumpfte die Gruppe und wurde dann als Hauskreis in seiner Wohnung weitergeführt.

Dieter:
Auch wenn wir mit dem Glauben nichts zu tun haben wollten, blieben wir der Gruppe treu, denn der Leiter kümmerte sich wirklich um uns. Einmal waren wir mit ihm im Harz, um einen Sanatoriumsplatz für Ulla zu erkunden. Auf der Rückfahrt fragte er mich ganz unverblümt: „Herr Draheim, haben Sie Ihre Frau eigentlich noch lieb?"

Das war ja 'ne Frage. Wie kann ein fremder Mensch nur so etwas wissen wollen?

„Naja, das nehme ich doch an", stotterte ich verblüfft hinter meinem Lenkrad. „Sonst hätte ich sie doch wohl nicht geheiratet."

„Dann hören Sie Ihrer Frau zuliebe mal für ein halbes Jahr mit dem Biertrinken auf. Wenn Sie sie wirklich liebhaben, sollten Sie dieses Opfer bringen."

Schweigen.

Wenn der Mann gefordert hätte, ich sollte für immer mein geliebtes Bier aufgeben, hätte ich geantwortet: „Unmöglich!"

Aber so stand die Sache anders. Er hatte mich an meinem Ehrgefühl und meiner Liebe zu Ulla gepackt. „Hm, für ein halbes Jahr? Warum nicht? Das werde ich schaffen!"

Stellen Sie sich vor: es ist nicht nur ein halbes Jahr gutgegangen. Ich habe seitdem bis heute keinen Geschmack mehr an Bier gefunden. Daß ich das geschafft habe, lag natürlich nicht nur an der geschickten Frage und an meinem Vorsatz. Da kam noch etwas anderes hinzu. Der Mann sprach offen über seinen Glauben und fragte, ob wir es für möglich hielten, daß Jesus auch uns neues Leben und Gesundheit schenken könnte.

Ich hielt es nicht für möglich. So schnell konnte er uns nicht überzeugen. Er gab uns Bücher zu lesen, er nahm uns mit zu einer christlichen Tagung, und die Sache beeindruckte meine Frau und mich immer mehr. Nach einem Hauskreisabend übergaben wir unser Leben Jesus. Ulla betete mit seiner Frau und ich mit ihm.

Doch so, wie ich war, ließ ich mir ein Hintertürchen offen: „Probierst es mal! Falls es nicht klappt, führst du halt dein altes Leben weiter. Wenn deine Frau gesund ist und alles gut läuft, kannst du Jesus ja wieder sausen lassen."

Nun, Gott geht in seiner Liebe auf uns ein, aber er läßt nicht mit sich spielen. Schritt für Schritt wurde ich in eine tiefe Buße geführt. Ich erkannte, was für ein schäbiger Mensch ich war, und vor allem, was ich Ulla angetan hatte. Gleichzeitig wurde ich von einer großen Freude erfüllt, einer Freude, die ich früher nicht gekannt hatte. Nach fünfzehn Bier konnte ich vielleicht ein bißchen fröhlich sein, aber am andern Tag ärgerte ich mich schrecklich, daß ich wieder so viel getrunken hatte. Aus einem Trunkenbold hat Jesus einen fröhlichen Wassertrinker gemacht!

Aber nicht nur das. Ich begann, die Bibel zu lesen. Wie das tägliche Brot nahm ich die Worte in mich auf. Das waren für mich keine Geschichtchen mehr. „Mann, die haben früher ja tolle Sachen erlebt! Und ich darf das auch erleben? So soll ich auch werden? Ein Überwinder?"

Was ich früher für selbstverständlich angesehen hatte, zeigte mir jetzt der Heilige Geist als Sünde, die es aufzugeben galt. Ein kleines Beispiel: Ich bin Heizungsmonteur, und in meiner Firma war es üblich, daß jeder das, was er zu Hause brauchte, einen Wasserhahn oder ein Heizungsventil, mitnahm. Nun war ich Christ und wollte mal wieder, wie üblich, einen Wasserhahn mitgehen lassen ...

„Mensch, was machst du denn da?" schoß es mir plötzlich durch den Kopf. „Das kannst du doch nicht tun. Das ist doch geklaut!"

Es war etwas in mir, das mein Gewissen ansprach. Und ich wollte wahrhaftig werden, vor Gott und den Menschen. So ging ich ins Büro und sagte zu meinem Chef: „Ich brauche einen Wasserhahn. Ich möchte ihn gern bezahlen."

„Was ist denn in dich gefahren? Bezahlen? Ich weiß doch, daß ihr euch alles mitnehmt ... Das habe ich schon einkalkuliert!" winkte er ab.

„Nein, Chef, ich möchte ihn wirklich bezahlen. Du weißt doch, warum."

Gott nahm mich jungen Christen in seine Schule. Ich mußte viel lernen. Aber inzwischen hatte ich die Kosten überschlagen. Ich wußte, was ich wollte: hundertprozentig für Jesus dasein! Die Lebensfreude und Erleichterung, die er mir gab, konnte ich nirgendwo anders finden.

Allerdings kam recht bald der große Test.

Draheims kamen aus dem Urlaub zurück. Ulla verkraftete die plötzliche Umstellung nicht. Wochenlang hatte sie ihren Mann ständig um sich gehabt. Jetzt mußte sie plötzlich den ganzen Tag allein verbringen. Sie fiel in Depressionen, drehte durch und drohte dem Arzt, sie würde sich das Leben nehmen, wenn sie nicht in eine Klinik käme. So wies er sie kurzerhand in die geschlossene Anstalt in Königslutter ein.

Dieter:

Da kam ich abends von der Arbeit nach Hause und fand mein Nest leer vor. Ich dachte: „Jetzt ist alles aus! Jetzt nützt dir nicht einmal dein Glaube etwas!" Obwohl ich schon so viel mit Jesus erlebt hatte, war ich vollkommen am Ende. Ich war so enttäuscht. Ich wollte sie nicht einmal besuchen, nicht einen müden Meter würde ich gehen!

„Du fährst aber doch hin, und zwar heute noch!“ sprach eine Stimme in mir.

„Meine Kraft ist am Ende, Herr. Meine Liebe reicht nicht aus.“

Ich saß in mich zusammengesunken am Wohnzimmertisch und erlebte, wie der Herr zu mir sprach: „Siehst du, Dieter, so weit reicht deine Liebe! Solange alles gut geht, kannst du lieben, aber dann ist Schluß. Weißt du, was du brauchst? Du brauchst Agape-Liebe, meine Liebe, die niemals aufhört und die auch noch lieben kann, wenn nichts Liebenswertes mehr da ist. Diese Liebe will ich in dein Herz ausschütten. Dieter, wenn du gehst, dann schenke ich sie dir.“

Ich raffte mich auf: „Gut, Herr, ich will dir gehorsam sein!“

Sofort setzte ich mich ins Auto und fuhr los. Acht Wochen lang hielten sie Ulla dort fest, und ich fuhr jeden Tag zu ihr – voller Freude, Liebe und Hingabe. Ich wußte nicht, wie mir geschah – Gottes Agape-Liebe war ausgegossen in mein Herz!

Für mich war es überwältigend zu erleben, daß eine Kraftquelle in mir war, die nie versiegte. Ich kapierte: bei Gott gibt es keine hoffnungslosen Fälle! Wir müssen nur dranbleiben an seiner Kraft. Und er schenkte mir jeden Tag die Liebe zu Ulla. Während der Arbeit freute ich mich schon auf den Besuch nach Feierabend.

Ich kann mich noch gut erinnern: Da lag sie im Bett und erwartete Vorwürfe und böse Worte von mir, und ich war so voller Liebe und Zuversicht, daß alles gut werden würde.

„Bist du mir denn gar nicht böse?“ fragte sie erstaunt.

„Ulla, ich hab dich lieb.“

„Trotz allem?“

„Ja, Ulla, trotz allem!“

Wir gingen im Anstaltspark spazieren und erzählten und erzählten. Vor allem von Jesus und unserer Zukunft. Ich merkte, daß Ulla noch gar nicht so viel vom Glauben verstanden hatte und ihr manche Grundlagen fehlten. So nutzten wir die Zeit, um zu beten und die Bibel zu lesen. Immer wieder sagte ich: „Ulla, du wirst sehen, wir werden eine fröhliche Familie werden!"

Dieters Liebe und Annahme waren genau die Medizin, die Ulla brauchte, um Schritt für Schritt zu genesen. Ein Mensch, der depressiv ist, braucht Ansporn, Ermutigung, Geduld und Liebe. Dieter bekam diese Kraft aus seiner innigen Beziehung zu Jesus und hielt an der ausgegossenen Liebe Gottes fest, so wie er es in der Bibel gelesen hatte: „Die Liebe Gottes ist ausgegossen in unser Herz durch den Heiligen Geist, der uns gegeben worden ist" (Römer 5,5).

Dieter:
Als das erste Jahr ohne Rückfälle und Kuraufenthalt vergangen war, schaute ich eines Tages aus dem Schlafzimmerfenster auf zwei Kirschbäume.

„Ulla, komm mal!" rief ich und nahm sie in die Arme. „Guck mal da raus! Die Kirschen blühen! Ein Jahr ist vergangen, und du brauchtest nicht mehr weg!"

Inzwischen sind sieben Jahre vergangen. Jedes Jahr im Frühling ruft Dieter seine Frau ans Fenster und sagt: „Ulla, die Kirschen blühen! Wieder ist ein Jahr vergangen, und wir sind immer noch glücklich zusammen ..."

Für nur eine Frau fand er sich zu schade

Rainer ließ keine Gelegenheit aus, mich wegen meines Glaubens fertigzumachen: „Du mit deinem frommen Getue! Ich finde dich zum Kotzen!" Aus seinen Frauenbekanntschaften machte er keinen Hehl mehr. Er blieb die Wochenenden weg und erzählte mir die Einzelheiten seiner Liebesabenteuer, um mich zu quälen.

Rainer und Elke Houben

Rainer, 42 Jahre, Dekorateur

Elke, 40 Jahre, Versicherungskauffrau, jetzt Hausfrau und Mutter

drei Kinder, 18, 14, 8 Jahre

Elke:
Karneval 1969. Zur Weiberfastnacht hauten wir so richtig auf die Pauke. Wir luden viele Freunde ein, und Rainer arrangierte einen wilden Tanzabend.

„Merkwürdig. Immer wieder steckt er mit derselben zusammen. Wie heißt sie doch gleich ...? Ach ja, Helge. Er tanzt ja kaum mit einer anderen."

Irgend etwas machte mich mißtrauisch. Die Art, wie die beiden miteinander sprachen und sich berührten, war mir zu vertraulich. Rainer sah gut aus. Ich wußte auch, daß er bei Frauen gut ankam. Es hatte mich bisher wenig gestört, wenn er mal mit einer flirtete. Für mich war die Ehe etwas so Totales, daß ich gar nicht auf die Idee kam, mein Mann könnte mir untreu werden. Obwohl ich sonst nicht prüde war, diesmal packte mich die Eifersucht.

Über die gesamte Karnevalszeit sah ich die beiden zusammen. Und danach hörte es nicht auf. Um das Verhältnis zu legalisieren, bemühte sich Rainer um eine Freundschaft zwischen den Ehepaaren, denn Helge war auch verheiratet. Aber das lief nicht so richtig. Der andere Mann – wie auch ich – merkte: da war was im Busch!

Eines Tages komme ich abends von der Arbeit nach Hause. Da hocken die drei im Wohnzimmer. Schnell gehe ich in die Küche, um uns einen Kaffee zu kochen. Als ich zurückkomme, stieren alle vor sich hin.

„Leute, was ist denn hier für eine trübe Stimmung?" frage ich.

„Hock dich hin. Die kriegste auch gleich!" setzt Rainer an. „Helge und ich, wir lieben uns!"

„Hört mal!" Ich reiße mich zusammen und erwidere kühl: „Sind wir denn hier im Kindergarten? Wenn ich mich recht erinnere, kennt ihr euch gerade drei Wochen, und dann redet ihr schon von großer Liebe?"

Ich drehe dem Mädchen kalt den Rücken zu und frage: „Rainer, ist das wirklich wahr?"

Er nickt.

„Und all das, was vorher zwischen uns beiden gelaufen ist ...?"

„Hm, das war halt ein großer Irrtum."

Jetzt mischt sich auch der andere Mann ein: „Können wir nicht 'ne Ehe zu viert führen? Ich, äh, ich kann auf keinen Fall auf meine Frau verzichten."

Das war der absolute Hammer für mich. Resolut, wie ich war, schickte ich die beiden einfach nach Hause und knöpfte mir meinen Mann allein vor.

„Rainer, überleg dir genau, was du willst. Wenn du zu dieser Helge gehen willst, bitte schön! Ich kann dich nicht halten. Da ist die Tür! Entscheide dich, wohin du gehören willst!"

Das saß. Widerwillig löste er sich von der anderen und entschied sich für mich und die Familie. Daß es für ihn ein Opfer war, ließ er mich ständig spüren.

Einige für mich bis dahin rätselhafte Vorkommnisse wurden mir plötzlich sonnenklar. Rainer mußte mich schon lange betrogen haben, nicht nur mit dieser Helge. Ich war maßlos enttäuscht.

Kurz darauf war ich mit Patrick, unserem zweiten Sohn, schwanger. Als mein Bauch sich rundete, ließ Rainer alle Vorsätze fallen und stieg wieder in das lockere Leben ein. Kam er abends gegen zehn Uhr nach Hause und ich bemerkte mißtrauisch: „Sag mal, so lange kannst du doch gar nicht gearbeitet haben!", verstand er es, mich derart herunterzuputzen, daß ich ihm glaubte.

„Was, du vertraust mir nicht? Du weißt doch, daß ich da und da gearbeitet habe. Hier ist das Telefon. Ruf doch an, wenn du mir nicht traust!"

Und prompt fiel ich auf seine Lügen herein.

Am zweiten Weihnachtstag kam das Kind zur Welt. Natürlich wollte ich Silvester nicht allein im Krankenhaus verbringen, sondern gemeinsam mit meinem Mann.

Aber so war mein Rainer: Mit fliegenden Fahnen rauschte er zehn nach zwölf ins Zimmer, brachte irgendeine fadenscheinige Entschuldigung vor und war nach fünfzehn Minuten wieder verschwunden.

Kaum war ich mit dem Neugeborenen zu Hause, fing mein dreieinhalbjähriger Andre wieder an zu krampfen – wie nach der Entbindung. Aufgrund von Sauerstoffmangel hatte er als Neugeborener schwere Gehirnkrämpfe bekommen, und die Ärzte machten uns wenig Hoffnung, daß er überleben würde. Wenn überhaupt, dann nur mit schwersten Gehirnschäden.

In meiner Verzweiflung tat ich damals ein Gelübde. Ich weinte und betete ohne Unterlaß. Ich schrie zu dem Gott meiner Kindheit und versprach ihm: „Wenn du meinen Sohn heilst, werde ich dir ewig dankbar sein!"

Andre kam durch und ist bis heute kerngesund. Aber ich vergaß mein Versprechen. Jetzt, da sich die Probleme türmten, erinnerte ich mich plötzlich an mein damaliges Gelübde.

Nicht nur Andres Anfälle bedrückten mich. Mein Vater war gestorben, und der Mensch, der mir am meisten bedeutete, Rainer, betrog mich am laufenden Band. Die Tatsache, daß er mit anderen Frauen im Bett lag, machte mich nicht so fertig wie die Enttäuschung, keinen Menschen zu haben, dem ich wirklich vertrauen konnte.

Ich fühlte mich zutiefst verraten. Mir fehlte jede Orientierung. „Worauf kann man sich denn in dieser Welt eigentlich noch verlassen?" fragte ich mich immer wieder. „Was ist der Sinn des Lebens?" Dann wieder seufzte ich: „O Gott, verzeih, daß ich mein Versprechen nicht eingehalten habe!" Aber ich konnte Gott nicht finden.

Menschen, die nach dem Sinn des Lebens fragen, werden schnell von Sekten aufgespürt. Die Zeugen Jehovas nahmen sich meiner an. Ich besuchte ihre Veranstaltungen und durchlief einen Bibelkurs. Was in der Bibel stand, beeindruckte mich sehr. Der Druck und die Angstmacherei störten mich jedoch. Ich konnte nicht froh werden. Auch die Mormonen versuchten ihr Glück bei mir. Bei denen kam ich schnell dahinter, daß ihre Lehre falscher Zauber war, und ließ die Finger davon.

Da ich mehr über die Bibel wissen wollte, ging ich zu unserem Pastor und fragte ihn, ob sie wirklich von Gott sei.

„So kann man das nicht sehen!" gab er mir zur Antwort. „Sie ist wohl eher ein Gleichnisbuch. Man darf sie nicht zu wörtlich nehmen."

„Ja, wenn das so ist", erwiderte ich, „mit Sagen des klassischen Altertums kann ich schlecht etwas anfangen. Was bringt es mir, wenn sich herausstellt, daß doch alles erlogen ist?"

Jetzt erst begann ich das einzig Richtige zu tun. Ich flehte zu Gott: „Sag du mir, wer recht hat und was die Wahrheit ist!" Die Zeit verging, aber Gott schien nicht zu antworten.

Da sah ich eines Tages in einem Schaukasten am S-Bahnhof ein Plakat mit der Aufschrift: „Jesus lebt!" Plötzlich wußte ich ohne jeden Zweifel, daß dies Gottes Antwort für mich war. Auf dem Plakat fand ich noch eine Telefonnummer angegeben. Es kostete mich einige Überwindung, dort anzurufen, doch alles, was die Frau mir am Telefon sagte, waren Antworten auf die Fragen, die mich quälten.

Wir verabredeten ein Treffen, an dem auch ihr Mann teilnahm. Sie zeigten mir Bibelstellen aus dem Johannesevangelium. Ich las, daß ich ein Sünder sei und von neuem geboren werden müsse, um ein Leben mit Jesus zu beginnen.

Ich hatte wenig Fragen. Das, was da stand, war mir sonnenklar. Aber so leicht ließ ich mich auch nicht bekehren. Ich verabschiedete mich und setzte mich ins Auto. Dort auf dem Parkplatz betete ich und übergab mein Leben Jesus Christus.

Meine Veränderung war so durchschlagend, daß ich auf größten Widerstand stieß. Das hatte ich gar nicht beabsichtigt. Doch der innere Friede und die Freude darüber, daß ich Jesus erlebt hatte, waren so groß, daß ich es jedem, der mir über den Weg lief, erzählte.

Ich erinnere mich an eine Situation auf dem Friedhof. Meine Mutter und ich besuchten das Grab meines Vaters. Anschließend saßen wir in der Sonne auf einer Bank. Die ganze Zeit schon schaute mich meine Mutter prüfend von der Seite an: „Sag mal, Mädchen, was ist denn mit dir los? Bist du vielleicht verliebt?“

„Ja!“ strahlte ich sie an.

„Na, hör mal. In wen denn?“

„In Jesus!“

In dem Moment hätte man das Gras wachsen hören können. Der Schock verschlug ihr die Sprache. Aber so war es wirklich. Jesus war mir Halt und Lebensfreude geworden.

Zu Hause allerdings prallten zwei Welten aufeinander, nämlich die des Lichtes und die der Finsternis.

Während Rainer früher seine Seitensprünge heimlich tat, führte er sie jetzt offen durch. Er machte keinen Hehl mehr aus seinen Frauenbekanntschaften, blieb an den Wochenenden weg und erzählte mir Einzelheiten seiner Liebesabenteuer, um mich zu quälen.

Doch ich konnte ruhig bleiben. Da ich den Eindruck hatte, meine Worte reichten nicht aus, antwortete ich ihm mit dem Wort Gottes. Er sollte wissen, was die Bibel zu Ehebrechern sagt. Das machte ihn noch wütender, bis hin zu tätlichen Angriffen. Er war wie verwandelt und ließ keine Gelegenheit aus, mich in bezug auf meinen Glauben fertigzumachen. „Du mit deinem frommen Getue! Ich finde dich zum Kotzen!“

Als ich mich taufen lassen wollte, meinte er, jetzt drehe ich wohl ganz durch. „Wenn du mit dem weißen Hemdchen in die Fluten springst, werde ich alle meine Kneipenfreunde dazu einladen!“ grölte er. In der Nacht vor meiner Taufe kam er nicht nach Hause. Wie sich später herausstellte, verbrachte er sie bei seiner Freundin.

Bald zog er ganz zu ihr, kam aber nach einigen Tagen wieder zurück. „Um der Kinder willen!“ betonte er. Mir machte er das Leben zur Hölle.

Ein halbes Jahr lang wurde mein Glaube hart geprüft. Noch nie habe ich so gelitten wie in jener Zeit, aber auch Jesus war mir noch nie so nahe. Heute hört sich das einfach an, aber das war es damals garantiert nicht.

Es gab Tage, da habe ich nur geweint, gebetet und die Bibel sowie andere christliche Bücher gelesen. Einmal las ich: „Du bist in einer schwierigen Situation. Aber glaube, daß Gott dein Vater ist und daß er es nur gut mit dir meint ..."

Ich wußte, ich konnte nur diesem Jesus vertrauen, der alles kann. Stundenlang ließ ich eine einzige Platte abspielen. Der Gesang gefiel mir gar nicht, dafür der Text um so mehr: „Jesus enttäuscht dich nie ..."

Ich war fürchterlich verkrampft und manchmal auch total daneben. In solchen Momenten stellte ich alles in Frage: „Ob das wohl stimmt mit dem Glauben? Wie soll meine Ehe nur wieder in Ordnung kommen?"

Doch dann rüttelte mich Gottes Wort wieder wach: „Wenn du zweifelst, bist du wie eine Meereswoge, die hin und her gerissen wird; ein Zweifler glaube nicht, daß er von Gott etwas empfängt" (Jakobus 1,6-7).

Ratgeber hatte ich auch. Zum Beispiel meine Mutter: „Kind, hast du denn gar keinen Stolz mehr? Immer noch sagst du, du liebst dieses Schwein ..." oder: „Da hätte er ja viel zu tun, der liebe Gott, wenn er sich um dich kümmern sollte! Das wird doch nie was!"

Ich hatte jedoch auch eine Freundin, die an Jesus glaubte und mir immer wieder Trost gab. Nachdem ich mit ihr gesprochen und gebetet hatte, faßte ich neuen Mut, daß Gott eines Tages doch noch eingreifen würde.

Es war ein täglicher Glaubenskampf. Jeden Tag mußte ich mich neu entscheiden, dem Wort Gottes mehr zu glauben als meinen Gefühlen, die mir sagten: „Du hast keine Chance mehr, deine Ehe ist ein für allemal kaputt. Dein Mann liebt dich nicht mehr und wird es nie wieder tun. Du bist ihm einfach zuwider mit deiner Frömmigkeit!"

Aber in der Bibel steht: „Gott ist nahe denen, die ein zerbrochenes Herz haben." Und er war mir tatsächlich nahe.

Ich lernte, mich auf seine Verheißungen zu berufen. Eine davon lautet: „Wenn du an ihn (Jesus) glaubst, so wirst du und dein Haus gerettet werden" (Apostelgeschichte 16,31).

Die Situation entspannte sich nicht. Im Gegenteil. Sie spitzte sich immer mehr zu. Schließlich machte mein Mann Ernst mit seinen Scheidungsabsichten und nahm sich einen Anwalt. Er klagte auf „religiösen Wahn".

Kurz vor Ostern machte mir Rainer in betrunkenem Zustand eine fürchterliche Szene. Danach packte er endgültig seine Koffer. Als Andenken hinterließ er mir ein blaues Auge und ein Loch im Trommelfell.

Beim Hinausgehen beteuerte ich ihm: „Rainer, trotz allem, was du mir angetan hast: ich habe dich lieb! Jesus befähigt mich zu dieser Liebe. Du weißt, er liebt auch dich. Dieses Haus steht immer offen für dich."

Doch als er dann endgültig weg war, brachen ich und mein Glaube zusammen. Ich war von Gott total enttäuscht. Waren all meine Liebe und Geduld umsonst gewesen? In mir rebellierte alles gegen diesen Gott, der mich schlußendlich erfolgreich hereingelegt hatte.

Mit dieser Verzweiflung und Rebellion schleppte ich mich durch einige Tage. Dann kam mir dieses Gotteswort in den Sinn: „Meine Wege sind höher als eure Wege und meine Gedanken als eure Gedanken ..." (Jesaja 55,9).

Daraufhin tat ich Buße und gab mich Gott neu hin. Ich betete: „Herr, wer bin ich, daß ich dir Vorschriften machen könnte? Ich habe dich als den lebendigen Gott erkannt, und ich kann nicht anders, als dir zu folgen, selbst wenn ich mit den Kindern alleinbleiben muß. Du bist doch der Gott der Witwen und Waisen!"

Zum ersten Mal in meinem Leben ließ ich Rainer und meine Vorstellungen los und gab sie im Gebet an Jesus ab. „Nimm du ihn, Herr, und behüte und beschütze ihn!" betete ich. „Er gehört nicht mir, sondern dir; du liebst ihn schließlich mehr als ich."

Bis dahin konnte ich mir nichts anderes vorstellen als: „Ich kann nur mit diesem Mann glücklich werden. Ohne ihn ist mein Leben nichts wert!" Jetzt war ich frei. Natürlich war Rainer noch mein Mann, und ich liebte ihn mehr als früher, aber noch wichtiger als sein Zurückkommen war mir sein Seelenheil. Ich würde auch ohne ihn leben können.

Karfreitag schaute ich mir im Fernsehen den Jesusfilm „Das Gewand“ an. Meine Gedanken waren bei meinem Mann. Inständig betete ich: „Herr, veranlasse doch Rainer, sich diesen Film anzuschauen, und rede du zu ihm!“

Am Mittwoch nach Ostern klingelte das Telefon. Es war Rainer. „Hallo, Bärli!“ fing er an („Bärli“ war sein Kosewort für mich).

„Es hat sich ausgebärliet“, lautete meine Antwort. Sie klang nicht bissig und auch nicht höhnisch. An meiner Reaktion merkte ich, daß ich wirklich frei war.

Normalerweise hätte Rainer jetzt den Hörer auf die Gabel geknallt. Aber nein. Er erzählte, er hätte sich den Film „Das Gewand“ angeschaut und es sich anders überlegt. Er wolle jetzt auch den Weg mit Jesus gehen. Ob er nach Hause kommen dürfe?

Ich war sprachlos.

„Rainer, wenn das wirklich deine Absicht ist, wenn du wirklich erkannt hast, daß Jesus Gott ist, dann hätten wir eine gemeinsame Basis. Alles andere würde nichts mehr bringen.“

„Ja“, antwortete er, „das ist mir auch klargeworden. Wir wollen neu anfangen.“

„Gut, dann kannst du wiederkommen!“

Einen Tag später, am Donnerstagabend, stand er vor der Tür. Ich wollte gerade zu einer Konferenz in meiner Gemeinde gehen. Schon bei seinem Hereinkommen spürte ich einen anderen Geist. Die Mauer war nicht mehr da. Die Kinder waren schon zum Schlafen fertig und in seiner Hälfte unseres Ehebettes. Andre streckte ihm die Arme entgegen: „Papa, jetzt gehst du nie mehr weg, ja?“

„Ja, Andre, nie mehr.“

Dann legte Rainer sich zwischen die Kinder und schmuste mit ihnen.

Ich schaute mir dieses Bild an. „Rainer, ich hatte eigentlich vor, heute abend zu einer Konferenz zu gehen ...“

„Geh nur! Ich kümmere mich um die Kinder!"

Da wußte ich: etwas Neues hatte angefangen. Früher hätte ich ihn keine Sekunde allein gelassen. Ich hätte seine Nähe gebraucht.

Zuversichtlich ging ich zu dem Vortrag. Am Samstag kam Rainer mit. Wir saßen ganz hinten. Bei dem Aufruf nach dem Vortrag stand er auf und ging nach vorn. In mir jubilierte es, als er sein Leben Jesus auslieferte.

Ich gab mich nicht der Illusion hin, daß jetzt, nachdem der Glaube an Jesus die Basis unserer Ehe war, alles in Harmonie verlaufen würde. Rainer und auch ich hatten noch eine Menge Probleme. Am Anfang stieg in mir immer wieder eine panische Angst auf. „Wird er bei der Stange bleiben?"

Wenn er abends nach acht Uhr noch nicht zu Hause war, kamen die Anfechtungen. Wie ein Tiger im Käfig lief ich in der Wohnung hin und her. „Nein, Herr, nicht schon wieder! Bitte, nicht schon wieder!" betete ich. „So kann ich nicht weiterleben. Ich will Rainer vertrauen und dir zutrauen, daß du unsere Ehe ganz heilst."

Ich weiß noch, einmal kam er abends erst um zehn Uhr nach Hause. Er hatte vergessen, mir zu sagen, daß er tatsächlich noch einen Kunden hatte. Total verheult und fertig saß ich auf dem Sofa. Als erstes nahm er mich liebevoll in die Arme und beteuerte: „Elke, du brauchst keine Angst mehr zu haben! Verzeih, daß ich dich nicht angerufen habe!"

Oft sprachen wir über meine Anfechtungen. Rainer wurde zu einem geduldigen Zuhörer. Mir tat es gut, mein Herz ausschütten zu können. Er hat mir auch nie wieder eine Veranlassung gegeben, mißtrauisch zu sein. So habe ich gelernt, meinem Mann wieder zu vertrauen.

Eine große Hilfe war mir der Gedanke: „Nicht ich, sondern Gott ist der Garant für unsere Ehe!" Selbst wenn ich mir noch soviel Mühe gebe – alles wäre keine Garantie für unseren Zusammenhalt. Immerhin hatte Rainer in einer Menge Probleme gesteckt und hatte mich ja wirklich gehaßt.

So betete ich: „Herr, du bist der Geber aller guten Gaben.

Alle wahre Liebe kommt von dir. Du kannst meinen Mann mit dieser Liebe zu mir beschenken." Und genau das hat Gott getan!

Schaute ich auf unser Leben zurück, wurde mir klar: das, was Menschen Liebe nennen, ist gar keine Liebe, sondern lediglich „Ichbezogenheit": „Bist du nett zu mir, bin ich es auch zu dir. Entsprichst du nicht mehr meinen Vorstellungen, laß ich dich einfach fallen!"

Früher hatte ich den Eindruck: „Rainer liebt mich nur, wenn ich gesund bin, etwas leiste und gut aussehe!" So lief ich auch ständig mit meinem Schminktäschchen herum.

Ich erinnere mich, wie ich einmal durch ein Kaufhaus ging mit dem Wahn, immer topfit, immer attraktiv sein zu müssen. Da zeigte mir Gott die Frauen um mich herum, eine schöner und jünger als die andere. Dabei wird doch jede älter und verliert an äußerer Attraktivität. Ich sagte mir: „Damit kann und will ich nicht konkurrieren. Das macht mich ja kaputt!" Ist es nicht möglich, einen Menschen so zu lieben, wie er ist? Ihn nicht fallen zu lassen, nur weil er krank wird oder ein paar Pfunde zunimmt?"

Ich muß sagen, Gott hat uns diese Liebe geschenkt. Mein Mann und ich haben uns ganz neu entdeckt und wieder lieben gelernt. Dabei hat Gott auch mir meine Fehler gezeigt und gesagt, worauf ich besonders achten soll.

Natürlich bemühte ich mich weiterhin, für Rainer gut auszusehen. Auch auf sexuellem Gebiet möchte ich für ihn anziehend bleiben, aber nicht um anderen Frauen Konkurrenz zu machen. Ich weiß, daß das nicht ausreicht, um eine Ehe zusammenzuhalten.

Ich meine, daß ein Mann besondere Anerkennung durch seine Frau braucht. Sonst ist er sehr, sehr unsicher. Daran habe ich bei mir gearbeitet und Rainer auch gezeigt: „Du stehst über mir. Ich will mich unterordnen!" Häufig habe ich ihn gefragt: „Rainer, ist dir das so recht?" oder: „Wie möchtest du das haben?" In unserem Gebetskreis war er anfangs sehr verlegen. Ich habe ihm gezeigt, daß ich seine Beiträge und wie er sich da gibt, schätze, daß ich gern mit ihm zusammen dort bin.

Mein Mann hatte nie gelernt, Verantwortung in unserer Ehe und Familie zu übernehmen. Immer hatte ich alles entscheiden müssen. Es war mir ja auch gar nichts anderes übriggeblieben. Aber auch da habe ich gelernt zurückzutreten und habe ihn ermutigt, seine Stellung als Herr im Haus einzunehmen.

Was mich besonders freut: Rainer kann sich jetzt entschuldigen, was er früher nie konnte. Er ist nun einmal sehr impulsiv. Da kommt es schon mal vor, daß er etwas sagt. Aber Gott hat ihn so weit gebracht, daß er erkennt, was er falsch gemacht hat, und dann um Verzeihung bittet.

Wenn wir uns früher gestritten hatten, brachten wir es fertig, eine ganze Woche kein Wort miteinander zu reden. Das ist heute gar nicht mehr möglich! Höchstens eine halbe Stunde oder so. Dann schauen wir uns an – manchmal müssen wir lachen – und sprechen über die Schwierigkeiten.

Der Bericht von Frau Houben hat mich tief berührt. Wenn sie nicht zu einer persönlichen Beziehung zu Jesus gefunden und konsequent an Gottes Liebe und ihrer Zuneigung zu ihrem Mann festgehalten hätte, bestünde ihre Ehe nicht mehr. Mich interessierte, was Rainer in einigen Phasen ihrer Beziehung gedacht und empfunden und wie er dann tatsächlich den Durchbruch zu Jesus geschafft hat. War er jetzt wirklich frei von den sexuellen Versuchungen, die ihn auf Abwege gelockt hatten?

Nachdem Elke fertig war mit Erzählen, stellte ich ihrem Mann noch einige Fragen:

Rainer, du sagtest, die ersten drei Ehejahre wären sehr schön gewesen. Wie bist du dann darauf gekommen, deiner Frau untreu zu werden und damit eure ganze Ehe aufs Spiel zu setzen?

Rainer:
Ja, Elke war mein Traum. Ich lernte sie in der Düsseldorfer Altstadt kennen. Auf Anhieb fand ich sie toll. Sie dagegen fand mich doof. Aufgrund meiner Hartnäckigkeit trafen wir uns immer wieder. Was zunächst nur ein Flirt sein sollte, entwikkelte sich zu einer aufrichtigen Liebe. Dazu trug bei, daß Elke mir von vornherein klarmachte, sie würde nur mit dem Mann ins Bett gehen, mit dem sie verheiratet sei. Ich lief ihr nach wie ein Dackel und wartete sehnsüchtig auf den Hochzeitstag. Von jeder Leuchtreklame strahlte mir „Elke“ entgegen.

Dann war es endlich soweit. Wir hatten eine phantastische Ehe. Elke verwöhnte mich, wo sie nur konnte. Sie machte etwas aus mir. Eigentlich war nur sie es, die ständig etwas in unsere Ehe investierte. Ich aber führte auf ihre Kosten ein gutes Leben.

Aber, wie es so geht: „Wenn es dem Esel zu wohl wird, geht er aufs Eis tanzen.“ Ich merkte, wie andere Frauen mich toll fanden. Von meiner Kindheit her hatte ich wahnsinnige Minderwertigkeitskomplexe. Es verdrehte mir den Kopf, wenn eine Frau Interesse an mir bekundete. Ja, und dann hielt ich mich öfters in einer Clique in der Altstadt auf. Das waren Künstler und alternative Typen. Unter ihnen herrschte sowieso eine andere Meinung als unter den Bürgerlichen, wo ich herkam. Mit den „Spießern“ wollten die nichts zu tun haben.

Im Grunde genommen war ich ein Mitläufer, ein Herdentier. Eine eigene Meinung zu vertreten, kannte ich nicht. Mir mußte man schon immer sagen, wo's lang geht. Aufgrund meines neuen Umgangs bekam ich diesen fürchterlichen Tick: „Für nur *eine* Frau bist du einfach zu schade!“ Da ich beim weiblichen Geschlecht zunehmend Erfolg hatte, fing ich an, mich zu teilen, und meinte auch noch, das ginge gut.

Wie bist du zu diesem erschreckenden, abgrundtiefen Haß gegen Elke gekommen, der selbst vor Gewalttätigkeit nicht zurückschreckte?

Rainer:
Im Nachhinein ist mir das auch noch rätselhaft. Ich schaudere, wenn ich daran zurückdenke. Eigentlich hielt ich mich immer für tolerant. Gewalttätig wollte ich nie sein. War ich auch nicht, außer bei Elke.

Ich wollte mir nicht eingestehen, daß sie die Stärkere war und ich der „Wischi-Waschi-Typ", der sich vorkauen ließ, was er zu tun und zu lassen hatte. Sie hatte eine feste Meinung und wußte, was sie wollte. Und das ärgerte mich. Deswegen fing ich an, sie zu hänseln und mich über ihren Jesus lustig zu machen.

Das ging so weit, daß ich sie vor die Wahl stellte: „Elke, du kannst dich jetzt entscheiden, Jesus oder ich. Eins geht nur!"

Da brachte sie es doch fertig, mir ins Gesicht zu sagen: „Hör mal, so, wie du dich hier aufführst ... Da ziehe ich meinen Jesus vor."

Das war für mich ein Schlag ins Gesicht. Eifersüchtig grübelte ich: „Mensch, was kannst du nur tun, damit sie nicht mehr solche Sprüche klopft?"

Aus der Ablehnung wurde ein regelrechter Haß. Letztlich – das weiß ich heute – haßte ich nicht Elke, sondern Gott. Ich versuchte alles, um sie kleinzukriegen und zu demütigen. Ihre Gebetskreise waren mir am meisten zuwider. Es konnte sein, daß sie aufgrund meiner Ausbrüche ganz klein dorthin marschierte. Aber wie verklärt kam sie zurück. Allein die Tatsache, daß sie von irgendwoher Kraft empfing, machte mich wild. An den Abenden blieb ich extra zu Hause. Ich blieb wach, bis sie kam, um sie von ihrem Podest herunterzuholen.

„Na, wie war's? Habt ihr wieder Stimmen gehört?" versuchte ich sie auf sarkastische Art fertigzumachen. Doch sie ließ sich nicht beirren, sondern schwärmte nur um so mehr von dem Abend.

Bei solchen Reaktionen bekam ich Tobsuchtsanfälle: „Du mit deinem frommen Getue! Das kotzt mich an! Ich hasse dich!"

Der Höhepunkt unserer Auseinandersetzungen war mein Gang zum Anwalt. Ich suchte mir extra einen kommunistischen, weil ich meinte, der könnte meinen Fall besser durchziehen. Als Grund meiner Scheidungsklage nannte ich religiösen Wahn.

„Wenn Sie Erfolg haben, trete ich in die Partei ein", versprach ich dem Anwalt.

Das spornte ihn an. Mit Schwung machte er sich an die Arbeit. Die Briefe gingen hin und her. Dann wurde ich eines Tages in seine Kanzlei zitiert.

Er käme nicht weiter, eröffnete er mir. Meine Frau würde nach wie vor alles für mich machen: sie koche für mich, sie richte mir meine Wäsche. Wenn ich es verlangte, würde sie auch mit mir schlafen. Er könne keine Scheidung durchdrücken, da sie konsequent an der Ehe festhielte. (Das war noch in der Zeit kurz vor der Reform des Scheidungsrechts 1977.)

„Ja", stotterte ich, „was jetzt?"

„Es bleibt nur eins: Sie müssen erreichen, daß Ihre Frau Sie rauswirft. Und das möglichst vor den Kindern, damit wir Zeugen haben!" erwiderte er ungerührt.

„Wie soll ich das nur anstellen? Sie wissen doch: sie liebt mich, Gott liebt mich, alle ihre Freunde lieben mich. Ich habe doch schon alles versucht. Es klappt einfach nicht!"

„Das ist Ihr Problem!" meinte er cool, „wenn Sie das nicht erreichen, können wir einpacken und müssen auch noch die Prozeßkosten tragen."

Ich tobte in die Altstadt, ließ mich vollaufen und wankte nach Hause. Es kam, wie ich es mir gewünscht hatte. Ein Wort ergab das andere. Ich reizte Elke. Prompt kamen Vorwürfe und die altbekannten Bibelsprüche. Heute weiß ich nicht mehr, was der Auslöser war. Wie in einem Wahn schlug ich zu. Während ich auf Elke eindrosch, rief sie: „Rainer, ich liebe dich, und Jesus liebt dich auch!"

Die Kinder standen schreiend dabei und erlebten diese fürchterliche Szene mit. Aber selbst dadurch konnte ich sie nicht dazu bewegen, mich rauszuschmeißen.

Angeekelt packte ich meine Sachen und hatte nur den einen Gedanken: „Raus hier! Und wenn ich die Kosten zu zahlen habe, ich fang ein neues Leben an!" Ich kam mir so dreckkig vor, daß ich es nicht mehr aushielt.

Beim Hinausgehen rief Elke mir diese Worte nach, die mir nicht mehr aus dem Kopf gingen: „Rainer, trotz allem, was du mir angetan hast – ich habe dich lieb! Dieses Haus steht immer offen für dich!"

Christliche Eheberater geben unterschiedliche Ratschläge, wie ein gläubiger Ehepartner sich dem ungläubigen gegenüber verhalten sollte. Wenn sich Elke mit ihren Glaubenserfahrungen mehr zurückgehalten hätte, wärt ihr dann besser miteinander klargekommen?

Rainer:
Garantiert nicht. Ich wollte gar nicht zu Jesus kommen. Wie ich schon sagte: letztlich hatte ich nicht gegen Elke gekämpft, sondern gegen Gott. Außerdem lief sie mir ja nicht mit Bibelsprüchen nach. Ich reizte sie ständig, und sie antwortete mit dem, was in der Bibel stand, zum Beispiel im Hinblick auf Ehebrecher. Das war richtig. Auch wenn ich daraufhin meine Tobsuchtsanfälle bekam, das Ganze ging mir doch unter die Haut. Auch wenn ich höhnisch lachte und sagte: „Bangemachen gilt nicht!", Gottes Wort arbeitete an mir und gab mir keine Ruhe.

Wie kam es bei dir hartem Brocken dann schließlich doch noch zur Bekehrung?

Rainer:
Also, ich war ausgezogen und nahm mir mit meiner neuen Freundin zusammen eine Wohnung. Für mich stand fest: es gibt kein Zurück mehr!

Karfreitag hatten wir nichts weiter vor. Wir lümmelten im Wohnzimmer und guckten, was es im Fernsehen gab. Das erste Programm war fromm, das zweite auch. Gelangweilt ließen wir den Film „Das Gewand" laufen und machten uns lustig über die frommen Szenen. Bis der Teil kam, in dem der römische Hauptmann dem sterbenden Jesus mit der Lanze in die Seite stach. Das Blut tropfte ihm auf die Hand. Mit einer unwilligen Bewegung wischte er es ab. Diese Szene haute mich total um.

„Was ist, wenn das wirklich stimmt?" fragte ich mich. Genauso wie der Hauptmann das Blut Jesu einfach abschüttelte, so wollte ich das vergossene Blut Jesu nicht akzeptieren.

„Aber was ist, wenn es tatsächlich stimmt?" bohrte es in mir. Im Grunde meines Herzens wußte ich genau, daß es stimmte. Alles, was Elke über Gott gesagt hatte, war die Wahrheit. Daran konnte kein Zweifel mehr bestehen.

Da brach ich zusammen. Ich fing an zu weinen und rannte aus der Wohnung hinaus in den Wald, ohne zu verstehen, was mit mir los war. Meine Freundin lief zeternd hinter mir her: „Was ist denn los mit dir? Läßt du dich jetzt auch von dem frommen Getue einfangen? Du brauchst wohl einen Psychiater!"

Ich hatte nur einen Wunsch: zurück zu Elke!

Bis Mittwoch kämpfte ich. „Ist es überhaupt noch möglich umzukehren, nach allem, was gelaufen ist?" fragte ich mich bange.

Wie Elke mich dann aufnahm, hat sie ja schon geschildert.

Ich ging mit zu der christlichen Konferenz. Ganz hinten

saß ich, weil ich mir sagte: „Wenn's zu brenzlig wird, haust du ab!"

Dann sprach ein Pastor. Ich weiß, es ist banal, so zu denken, aber ich hatte tatsächlich den Eindruck, ihm wären Notizen über mein Leben zugespielt worden. Jeder Satz traf mich wie ein Keulenschlag. Ich war völlig verdutzt. Als der Aufruf zur Lebensübergabe kam, wußte ich genau, daß Gott mich meinte. In mir kämpfte es. Mir war's, als wenn es unter meinem Stuhl brennen würde. „Das ist doch viel zu früh. Du weißt noch viel zu wenig über Gott. Und ob auch alles richtig ist?" schoß es mir durch den Kopf.

Als ich dann doch vorne stand, war ich froh. Ich wußte, es war richtig. Ohne daß ich es merkte, brachte mich Elke hinterher mit einem Mann zusammen, der eine ähnliche Vergangenheit hatte wie ich. Der schleppte mich freundschaftlich in die Teestube: „Hör mal, du hast jetzt Jesus angenommen und willst ihm gehören", begann er. „Dazu gehört aber auch, daß du dein altes Leben aufgibst, daß du alles, was du angestellt hast, vor Jesus bekennst und ihm sagst, daß es dir leid tut."

Ich atmete schwer, schluchzte und heulte. Hans legte mir den Arm um die Schulter und meinte tröstend: „Das macht gar nichts. Weißt du, ich war früher noch schlimmer als du."

Da faßte ich mir ein Herz und packte aus. Ich hatte das Gefühl, ich könnte mein altes Leben hinter mir stehen lassen wie einen speckigen Mantel, wie einen total verspeckten Wehrmachtsmantel, der vor lauter Dreck allein stehenbleibt. Ich konnte darunter hervorgehen und war frei! Ein neues Leben begann. Das war phantastisch.

Warst du frei von deinen Frauengeschichten und sexuellen Schwierigkeiten?

Rainer:
Die Befreiung kam nicht über Nacht. Allerdings begann von da an mit Jesu Hilfe ein Heilungsprozeß. Wir begannen die

Probleme aufzuarbeiten, zu verbalisieren. Zum ersten Mal war ich bereit, darüber zu sprechen.

Elke und ich fanden heraus, daß bei mir so eine Art Sucht nach Anerkennung und Selbstbestätigung dahinter gestanden hatte. Obwohl Elke und ich uns sexuell großartig verstanden, klinkte ich aus, wenn ich merkte, daß ich bei einer Frau gut ankam. Da ich früher starke Minderwertigkeitskomplexe hatte, geriet ich völlig aus dem Häuschen, wenn eine tolle Frau mir signalisierte, daß sie mich wollte.

Hinzu kam ein Busentick. Ich war verrückt nach großen Brüsten. Es gab Phasen, da benahm ich mich wie ein Blödmann. Ich konnte eine Viertelstunde seitlich versetzt hinter einer Frau hergehen und nur gucken, wie es wippte.

Das war nach der Bekehrung nicht vorbei. Allerdings fiel mir auf, daß es nicht mehr ganz so extrem war. Trotzdem, Satan greift immer auf dem Gebiet an, wo wir ihm vorher hörig waren. Wir taten das, was im Jakobusbrief steht: „Unterwerft euch nun Gott! Widersteht dem Teufel, und er wird von euch fliehen!“ (Kapitel 4,7).

Das Widerstehen erforderte meine ganze Disziplin. Zu der Zeit las ich in einer Zeitschrift ein Gebet. Ich schnitt es aus und trug es immer bei mir. Morgens, bevor ich zur Arbeit fuhr, betete ich es. Wenn zwischendurch die Versuchungen kamen, kramte ich es mir vor.

Das Gebet lautet:

> Herr, ich habe es satt, mir den Hals zu verdrehen und jedem Trugbild nachzugaffen! Ich drehe mich nicht mehr um. Geradeaus sehe ich und schweige! Ich gönne meinem Nacken Ruhe, denn mein Nacken ist müde vom ewigen Drehen und Wenden. Mache mich zu einem Menschen, der geradeaus geht, daß ich nur auf deinen Weg schaue, den Weg, den du zeigst. Ich habe es satt, gereizt zu werden, gereizt von den vielen Dingen draußen und der Selbstsucht drinnen. Herr, reize du mich, daß deine große Liebe mich treibt und ich in Ewigkeit fröhlich bin!

Dieses Gebet hat mir enorm geholfen. Mit der Zeit konnte ich diese Sucht überwinden. Ich finde es toll, daß Gott mich von dieser Macht der Sünde befreit hat.

Wie hast du es geschafft, in deine Rolle als Mann und Vater hineinzuwachsen?

Rainer:
Dabei hat mir Elke großartig geholfen. Sie gab mir die Anerkennung, die ich brauchte, und verstand es, mich zu ermutigen. Ich vergleiche das manchmal mit Asterix und Obelix. Wenn es wichtige Sachen zu entscheiden gab, packten sie ihren König auf einen Schild und trugen ihn zum Marktplatz. Dort wurde dann palavert, bis der König das Machtwort sprach. Ähnlich macht es mein „Bärchen" mit mir.

Für unser Familienleben habe ich ganz neue Maßstäbe gefunden. Dazu hat mir eine Familienwoche viel geholfen. Dort gingen mir mit einem Mal sämtliche Lampen auf, und ich sah, was ich in puncto Kindererziehung bisher versäumt hatte.

Was Elke seit Jahren forderte, ich aber immer wieder verschoben und verdrängt hatte, das machen wir jetzt: einen Familienabend. Jeden Freitag kocht Elke etwas Besonderes. Das beste Geschirr kommt auf den Tisch. Die Kerzen brennen, als ob die Queen käme. Anschließend unternehmen wir irgend etwas gemeinsam: Dias gucken, Schwimmen, Kegeln, Schlittschuhlaufen – oder was uns sonst einfällt. Das ist super!

Gott hat uns für unser Ehe- und Familienleben so viel beigebracht. Ich hätte es nicht für möglich gehalten, daß es so schön sein kann. Unsere Erfahrungen möchten wir gern anderen weitergeben. Vor einiger Zeit haben wir deshalb mit einem Ehepaarkreis begonnen. Mit vier bis fünf Ehepaaren gehen wir in Hauskreisform einen Kursus über „Ehe und Familie" durch. Das dauert einige Monate. Dann laden wir neue Ehepaare ein. Gott hat uns aus außergewöhnlichen Problemen geholfen und geheilt, deswegen können wir solche, die in ähnlichen Schwierigkeiten stecken, gut verstehen.

Nun habe ich noch eine Frage an dich, Elke. Welche Ratschläge würdest du einer gläubigen Frau geben, die von ihrem Mann ähnlich gedemütigt wird, wie es bei dir war?

Elke:
Wenn ich darüber nachdenke, komme ich immer wieder zu dem gleichen Schluß: sich an Gott wenden! Das ist das Problem, daß manche Ratsuchenden nicht ganze Sache mit Gott machen wollen.

Ich glaube, ich hätte meinen Mann nicht wiederbekommen, wenn ich mein Leben nicht ganz in Gottes Hand gelegt und auf ihn vertraut hätte.

Dazu kommen natürlich noch einige praktische Ratschläge, die von Fall zu Fall unterschiedlich sein können.

Eine große Gefahr liegt darin, müde zu werden und zu meinen, es hätte alles keinen Zweck. Gott ist der Stifter der Ehe. Er haßt Ehescheidung, und er wird helfen, wenn wir durchhalten.

Ganz wichtig, aber auch sehr schwer ist es, den Partner loszulassen und in Gottes Hand zu legen. Das bedeutet, sich nicht an ihn zu klammern und bereit zu sein, auch allein mit Gott, aber ohne den geliebten Menschen zu leben.

Auf jeden Betroffenen kommen dann zahlreiche Einzelentscheidungen zu, zu denen ein Außenstehender oftmals keinen Rat geben kann. Ich habe die Erfahrung gemacht, daß Gott persönlich redet, und kann nur empfehlen, seine Nähe zu suchen, um seine Stimme zu hören.

Nun bist du ja sehr gedemütigt und sogar geschlagen worden. Meinst du, daß jeder so viel erdulden sollte, oder würdest du dann lieber zur Trennung raten?

Elke:
Gott handelt ganz individuell. Mich hat er so geführt. Ich kann nicht generell sagen: „Laß dir das nicht gefallen! Hau ab!“ Es kommt ganz darauf an, wie Gott führt.

Damals habe ich zum ersten Mal verstanden, was es heißt: „Die Liebe ist langmütig und gütig, sie läßt sich nicht erbittern und rechnet das Böse nicht zu. Die Liebe hört niemals auf ...“

Solche Gedanken sind dem natürlichen Menschen völlig fremd. Wenn er geschlagen wird, fühlt er sich gedemütigt oder schlägt zurück. Es war einfach Jesus in mir, daß ich es Rainer nicht anzurechnen brauchte und ihm verzeihen konnte. Dazu ist natürlich eine innige Beziehung zu Gott die Voraussetzung.

Aber ich würde nichts tolerieren, was gegen Gottes Gebote ist, zum Beispiel Ehebruch im eigenen Schlafzimmer, indem die Freundin einzieht oder ein Partner sündigt, nur um den anderen zu halten.

Es kann auch richtig sein, den anderen vor die Wahl zu stellen: entweder ich oder deine Freundin. Wenn eine Frau ständig gedemütigt wird, dem Mann lediglich die Wäsche machen darf und er unentwegt fremdgeht, sollte sie beten und ihrem Mann – wenn Gott die Zeit für gekommen hält – ein Ultimatum stellen.

Ich kann mir auch vorstellen, daß Gott in eine Scheidung einwilligt, wenn der untreue Partner absolut nicht mehr zurück will. Er ist auch ein Vater, der die Leidenden schützt und für sie sorgt. Aber ich komme immer wieder darauf zurück: ohne eine enge, persönliche Beziehung zu Jesus Christus wird es sehr schwer sein, einen klaren Kopf zu behalten und die richtigen Entscheidungen zu treffen.

Zusammenhalten „solange es gutgeht“ oder „bis der Tod uns scheidet“?

Die klassischen Fehler, die zu einer Entfremdung in der Ehe und schließlich zu einer Trennung führen können, sind schnell aufgezählt. Schwerer ist es, wegweisende Ratschläge zum Zusammenbleiben zu finden. Und selbst, wenn man sie kennt, wie bekommt man das entsprechende Durchhaltevermögen?

Ich habe sehr viel von dem ermutigenden und vorbildlichen Verhalten befreundeter Ehepaare gelernt. Doch auch die Versäumnisse und Fehler anderer haben mir eine Menge zu denken gegeben. Jedesmal habe ich mir gesagt: „Paß auf, alter Junge, daß du niemals in die gleich Falle gerätst!“

Nahezu jede Ehe unterliegt einem zerstörerischen Streß. Das bringt das Leben in unserer Gesellschaft heute mit sich. Beim Lesen der Berichte haben Sie hautnah miterlebt, wo die Gefahren überall lauern. Versteht es ein Paar nicht, ständig etwas in seine Zweierbeziehung zu investieren, befindet es sich schon auf dem absteigenden Ast. Das war der Kardinalfehler vieler meiner Interviewpartner.

Ich bin erstaunt, wie unvorbereitet unzählige Menschen in eine Ehe hineinschlittern. Angst vor dem Alleinsein oder eine diffuse Sehnsucht nach Zweisamkeit reichen garantiert nicht aus, um eine Lebensgemeinschaft aufzubauen. Und selbst wenn gegenseitige Anziehung, Verliebtheit und sexuelle Erfüllung am Anfang einer Ehe stehen, wird dies nur erhalten bleiben, wenn ein Paar unermüdlich die gegenseitige Wertschätzung und die persönliche Hingabe vertieft. Ansonsten wird der anfängliche Reiz verfliegen und der Partner nach einiger Zeit so normal und voller Fehler erscheinen, daß sich der andere fragt, wie er sich nur in einen solchen Menschen verlieben konnte.

Ehen scheitern offenbar dann, wenn die ersten Illusionen verflogen sind und der Alltag sein Recht fordert. Gerade deshalb braucht ein Paar Anleitung, wie es Wertschätzung und Romantik aufrechterhalten kann.

Halte ich mir noch einmal die Berichte dieses Buches vor Augen und ziehe weitere Beratungsgespräche hinzu, die ich in den letzten Jahren geführt habe, dann fällt es mir nicht schwer, die gefährlichsten Bedrohungen für eine Ehe aufzulisten.

Folgende vier Bereiche, so meine ich, können gefährlich werden und aus der ehelichen Treue locken:

1. die Stimme der Vergnügungen
2. romantische Sehnsüchte
3. außereheliche, sexuelle Verlockungen
4. Verlangen nach Selbstbestätigung

Die Stimme der Vergnügungen

Je weniger ein Paar mit sich anfangen kann, je größer die Sprachbarrieren sind, je weiter die Entfremdung vorangeschritten ist, um so eher ist ein Ehepartner geneigt, dem anderen die Treue aufzukündigen.

Da steht mir zum Beispiel ein brav arbeitender Familienvater vor Augen. Er fällt nicht besonders auf, verrichtet seine Arbeit ordentlich und sorgt für seine Familie. Eintönig plätschert der Ehealltag dahin. Plötzlich schlägt dieser Mann ganz andere Töne an: „Was soll die ganze Schufterei? Ich habe doch auch ein Recht auf mein Vergnügen!“ Schon bahnt sich ein „Techtelmechtel“ mit der Sekretärin an, und, schwupps, macht er sich auf zur neonglitzernden „Straße der Vergnügungen“.

Rainer Houben ist ein typisches Beispiel dafür. Eigentlich hatte er, was seine Ehe betraf, nichts zu klagen. Und trotzdem zog ihn der lockere Lebensstil der alternativen Typen aus der Düsseldorfer Altstadt an. Unerwarteterweise kam er bei den Frauen gut an. Elke, seine Angebetete, trat in den Hintergrund, und schon nistete sich eine zerstörerische Philosophie in seinem Kopf ein: „Für nur *eine* Frau bist du doch viel zu schade!"

Es muß nicht gleich so drastisch kommen. Aber immer dann, wenn das Zusammensein mit dem Ehepartner nicht mehr so reizvoll ist wie früher, wenn zum Beispiel der Gedanke an das Nachhausekommen nicht mehr die Schritte beflügelt, dann beginnt es gefährlich zu werden.

Der eine hockt noch gern ein wenig länger über seiner Arbeit und macht Überstunden oder bleibt auf dem Heimweg in der Kneipe hängen, die andere plaudert noch ein Stündchen länger mit ihrer Freundin oder verschiebt die Hausarbeit auf den Abend, weil sie mit ihrem Mann ohnehin nichts anzufangen weiß. Dann heißt es: aufgepaßt! Die Versuchung, den Ehepartner fallenzulassen, liegt näher als manch einer annimmt.

Romantische Verlockungen

Geborgenheit, Umworbenwerden, Zärtlichkeit, Verliebtsein – dieser aufregende „Romantik-Kitzel" ist nach wie vor ein Hauptmagnet, der Männer und Frauen aufeinander zufliegen läßt.

Daran ist nichts auszusetzen! Das ist wirklich etwas Schönes! Letzten Endes sehnt sich jeder Mensch nach diesem euphorischen, fast unbeschreibbaren Gefühl des „Auf-den-Wolken-Schwebens".

Aber gerade die romantische Liebe scheint sich im Ehealltag am schnellsten zu verflüchtigen und ist wohl der problematischste Aspekt im Zusammenleben überhaupt. Da Romantik durch und durch auf Gefühlen beruht, hat sie in sich keine lange Lebensdauer. Beherrscht ein Mensch nicht die Kunst, sie auch im Ehealltag aufrechtzuerhalten, wird sie garantiert abnehmen, und übrig bleibt ein „Kater" wie nach einem feuchtfröhlichen Fest.

Dabei muß man berücksichtigen, daß Männer und Frauen durchaus unterschiedliche Ansprüche an das Maß der Romantik stellen. Eine „unterkühlte" Person hat ein geringeres Bedürfnis und registriert nicht einmal, daß der Ehepartner, nach Romantik schmachtend, an seiner Seite dahinwelkt.

Stellen Sie sich eine Ehe vor, bei der schon einige Jahre ins Land gegangen sind. Im Zusammenspiel ist leider etwas Sand ins Getriebe gekommen; es knarrt und kracht ab und zu. Der Umgangston ist nicht mehr so freundlich, Grundregeln der Höflichkeit fallen dem überarbeiteten Ehemann beim besten Willen nicht mehr ein. Zweisamkeit und Zärtlichkeit sind für ihn Gefühlsduselei; er hat es lieber sachlich und nüchtern.

Tja, und dann ist da der ach so nette Herr Nachbar. Er erkundigt sich nach dem Wohlergehen der Ehefrau und zeigt aufrichtiges Interesse. „Mit dem kann man wenigstens mal plaudern! Endlich ein Mensch, der mich versteht!" Und schon werden in einer braven Frauenseele ganz seltsame, von früher zwar vertraute romantische Sehnsüchte geweckt, und der eigene Ehemann nimmt auf der hintersten Bank der Wertschätzung seinen Platz ein.

Unerfüllte Erwartungen können einen Menschen tief enttäuschen, bis hin zur Ablehnung des einst geliebten Menschen. Die Unfähigkeit, seine Wünsche an den Mann bzw. die Frau zu bringen, kann Gräben aufreißen, die sich mit den Jahren vertiefen und schließlich unüberbrückbar erscheinen.

Ich denke zum Beispiel an Jutta Friedrichs. Zweifellos hatte dieses gehemmte junge Mädchen riesige romantische Wünsche und Bedürfnisse. Nur verstand sie nicht, diese auszudrücken und sich seelisch zu öffnen. Jahr für Jahr vertiefte sich die Entfremdung von ihrem Mann, bis sie es sich nicht mehr vorstellen konnte, ja regelrecht Angst bekam, mit dem Mann, in den sie einmal verliebt gewesen war, alt zu werden.

Wird ein Mensch verletzt und abgelehnt, ist er um so anfälliger für Verführungen. Da saß Harriet, nachdem ihr Klaus sie versetzt hatte, am idyllischen Ufer des Flusses, und plötzlich war für sie der fremde junge Mann auf dem Trecker verführerisch interessant und begehrenswert, so daß sie ihren Klaus beinahe hätte sausen lassen.

Außereheliche sexuelle Verlockungen

Sexuelle Treue und Erfüllung – und das nicht als Krampf, sondern aus einer freien Haltung heraus – scheinen für Ehepaare immer mehr zu einem Kunststück zu werden. Es wird ihnen aber auch schwergemacht, sich an ihrer Zweisamkeit genügen zu lassen!

Aufgrund welcher Kriterien bildet sich bei einem Mann bzw. einer Frau das Anspruchsniveau bezüglich Sexualität? Sind es die Illustriertenreportagen oder die Fernsehfilme der Spätvorstellung, um nicht gleich an einen Porno zu denken?

Wenn ein Mann Woche für Woche in Illustrierten und Filmen die „knackigen" Körper und aufreizenden Posen von Frauen studiert, wird er sexuell übermäßig stimuliert und gerät in Versuchung, mit dem Aussehen und der Art seiner Frau unzufrieden zu werden.

Das gleiche gilt für eine Frau, auch wenn die Art der Versuchbarkeit anders gelagert ist. Männer treten immer mit blendender Figur auf, ohne Bauchansatz oder anbahnender Glatze. Sie scheinen nie überarbeitet zu sein oder nach Schweiß zu riechen. Auf jeden Fall gelingt es ihnen auf Anhieb, eine Frau so zu nehmen, daß sie gleich in höchsten Gefühlen schwebt. Also, wenn der eigene Mann so trottelig ist, warum nicht einen Flirt mit jemand anders wagen? Laut Illustrierten kann man eine solche Stimmung sowieso kaum in der eigenen Ehe erwarten.

Es gibt unzählige Männer wie Friedemann, Wolfgang oder Rainer, von denen Sie gelesen haben. Was in einer kasernierten Männergemeinschaft, ob Polizei oder Bundeswehr, für Frauengeschichten kursieren, ist manchmal haarsträubend.

Wenn dann ein junges Bürschlein von den Eltern nicht aufgeklärt wurde und diese Geschichten als Maßstab für den Umgang mit seiner Freundin nimmt, kann er mit Recht vermuten: „Ich bin wohl schief drauf."

Oder wenn sich jemand wie Wolfgang seine sexuellen Vorstellungen und Wünsche aus Katalogen und Zeitschriften zusammenzimmert, werden sich Frauen zu Recht bedroht und erniedrigt fühlen.

Aber auch die moderne Frau ist nicht so ohne. Während es früher vorwiegend Männerprivileg war, eine Frau „anzumachen", gibt sie sich heute ebenfalls nicht prüde. Berufliche Selbständigkeit und sichere Verhütungsmittel haben sie kekker werden lassen. Manche will ja nicht gleich aufs Ganze gehen, aber in Verkennung des männlichen Hormonhaushaltes übersieht sie, daß ihn ihre freizügige Kleidung und eindeutig anmutende Gestik schon so in Fahrt gebracht haben, daß er kaum zu bremsen ist. Für Rainer wurde dies zum Stolperstein. Er klinkte aus, vergaß Frau und Kinder, sobald eine Frau ihm signalisierte, daß sie ihn mochte.

Anfechtungen und Untreue in sexueller Hinsicht bilden gegenwärtig ein Riesenproblem unter Ehepaaren. Solche Sprüche wie „Einmal ist keinmal" oder „Eine Liebesaffaire wird eine Ehe beleben, wenn man nur tolerant genug ist" machen sich am Biertisch oder beim Kaffeekränzchen noch gut. Die Toleranz ist allerdings schnell verflogen, wenn ein Mann entdeckt, daß seine Frau bei jemand anderem Zärtlichkeit sucht, oder sie zu hören bekommt, daß eine andere Frau ihm größere sexuelle Erfüllung bringt.

Ja, ein sexueller Seitensprung erscheint zunächst äußerst lustvoll, wie der Soziologe Professor Dr. Kentler unter Beifall auf einem Kirchentag verkündete, aber was folgt danach?

Selbstverwirklichung ist immer ein Ratschlag der Desillusionierten. Das Verlangen, sich selbst zu verwirklichen, kommt stets aus einem enttäuschten und verletzten Herzen. Für einen Menschen, der mit seiner ehelichen Beziehung zufrieden ist, von seinem Ehepartner geachtet, geliebt und bestätigt wird, bleibt Selbstverwirklichung ein Fremdwort. Weil er erlebt, wie der Partner aufblüht, wenn er beschenkt wird – was wiederum auf ihn zurückstrahlt –, wird seine Lebensdevise Selbsthingabe und nicht Selbstverwirklichung sein.

Kein Wunder, daß das Stichwort Selbstverwirklichung in den eheverachtenden siebziger Jahren aufgekommen ist. Wer mit seinem Partner nicht zur Einheit findet, wer keine Bestätigung durch den anderen erfährt, muß nach Selbstverwirklichung greifen – wie ein Ertrinkender nach einem Rettungsring. Aber dadurch hat er noch lange keinen festen Boden unter den Füßen ...

Alle Paare dieses Buches, die schlußendlich bei der Selbstverwirklichung landeten, waren mit riesengroßen Vorsätzen und Illusionen in die Ehe gegangen. Nehmen wir nur einmal die Hübners. Hatte es Hildegard nicht treffend formuliert? „Wir spielten ein Liebespaar mit dichterischem Flair und philosophischem Tiefgang!" Für ihre Selbstbestätigung war sie völlig abhängig von der Beachtung ihres Mannes, und er hatte fixe Erwartungen, wie sie als perfekte Frau „funktionieren" sollte. Das ging nicht lange gut. Die Erwartungen wurden nicht erfüllt. Sie enttäuschten einander zutiefst, waren weder gesprächsbereit noch korrekturfähig und gingen einander aus dem Weg.

Bekommt man vom Ehepartner keine Bestätigung mehr, muß man sie selbst suchen. So wird das „Ich" auf den Thron gesetzt, und die Zweisamkeit bekommt den Todesstoß versetzt.

Bei allen Ehen, ob nun bei den Grabs oder bei den Haerings oder bei den Draheims, konnten Sie dasselbe beobachten: begab sich einer auf den Trip der Selbstverwirklichung, sank die Wertschätzung sofort auf den Nullpunkt. Sobald ein Partner jedoch auf den anderen zuging, ihm diente und Liebe zeigte, auch wo nichts Liebenswürdiges mehr vorhanden war, wuchs die Wertschätzung und wurde der andere ermuntert, ebenso zu handeln.

Die richtige Strategie

Ich meine, mit der Beschreibung dieser vier Stimmen den Ehealltag recht gut getroffen zu haben. Dabei können wir uns sicherlich auf eine Beobachtung einigen: je größer die Frustration – die Enttäuschung bzw. die Sehnsucht – in einem der genannten Bereiche, um so lauter locken die verführerischen Stimmen!

Nur ein Beispiel: Sie als Mann meinen, sexuell in Ihrer Ehe nicht richtig auf Ihre Kosten zu kommen, oder als Frau leiden Sie unter „romantischen Entzugserscheinungen".

Ehe Sie sich's versehen, stecken Sie in Nöten. Na klar. Zunächst nur gedanklich. Da ist die verführerische Welt der unguten Phantasien und Tagträumereien. Aber bis zur Tat kann es ein erschreckend kurzer Weg sein.

Ein Heer von Illustrierten, Schlagern und Filmen gaukelt Ihnen vor, daß Sie diese „Freuden" nur außerhalb der Ehe genießen können. Mit einer Freundin oder einem Freund, aber doch niemals über Jahre hinweg mit demselben Menschen.

Den meisten Jugendlichen kommt die Ehe wie ein Gefängnis vor, wie eine Last, die mit den Jahren immer schwerer wird. „Heirate bloß nicht so früh", wird ihnen von desillusionierten Älteren mitgegeben, „damit du auch was vom Leben hast!"

Was für ein Unsinn! Ich vertrete die These, daß es mit den Ehejahren immer schöner wird, vorausgesetzt, man tut das Richtige. Es ist möglich, ein ganzes Leben lang in den eigenen Ehepartner verliebt zu sein! Claudia und ich sind zwar

„erst“ 17 Jahre verheiratet, aber bis jetzt ist uns das gelungen.

Aber machen wir uns nichts vor: die Versuchungen sind da! Wir leben ja nicht auf einer fernen Insel. Täglich kommen Sie mit attraktiven, liebenswürdigen Menschen zusammen, die Sie von dem gesteckten Ziel der ehelichen Treue weglokken könnten.

Da gilt es persönliche Zucht und Disziplin einzusetzen und sich zu sagen: „Ich bleibe meinem Ehepartner treu und lasse auch nicht einen abwegigen Gedanken zu!“

Das reicht aber noch nicht. Wenn man sich immer nur zusammenreißen muß, wird das Leben zu anstrengend. Dann haben die Miesmacher ja doch recht, daß Ehe letztlich nur ein Kampf sei.

Nein, Sie müssen klug sein, denn auch Ihre Ehe ist gefährdet. Um diese Gefahr zu entschärfen, sollten Sie unbedingt darauf achten, daß Ihre Bedürfnisse und die Ihres Partners befriedigt werden.

Das heißt doch:

1. Genügend Zeit reservieren für gemeinsame Entspannung und gemeinsame Vergnügungen!
2. Das romantische Feuer immer am Brennen halten!
3. Zeit, Energie und Einfallsreichtum aufsparen für eine erfüllende Sexualität in der eigenen Ehe!
4. Ständig das Wertgefühl des anderen achten und aufbauen!

Die Verwirklichung dieser Vorsätze erfordert Zeit, Hingabe und Einfallsreichtum. Aber es zahlt sich aus. Meiner Beobachtung nach sind das die erfolgreichen Ehen! Solchen Menschen wird es gelingen, einander ein ganzes Leben lang treu zur Seite zu stehen – ohne Krampf und ohne Kampf.

Wenn dann die Versuchungen auf Sie zukommen, stehen Sie souverän darüber und sagen entschlossen: „Nein danke! Nicht mit mir! Mein Schatz und ich, wir haben es gelernt, diese Bedürfnisse in unserer eigenen Ehe zu erfüllen!“

Erlauben Sie mir, diese vier Prinzipien im einzelnen zu erläutern:

Zeit für gemeinsame Entspannung und Vergnügungen

Vielen fällt es schwer, einen ausgewogenen Lebensstil zu finden, bei dem Arbeit und Entspannung in einem gesunden Verhältnis zueinander stehen. Die Folge ist dann, daß sie sich gesundheitlich und seelisch ruinieren. Unter Streß lassen sich einmal gesetzte Ziele wie Zuvorkommenheit, Selbstbeherrschung und Rücksichtnahme, von denen ja jede Beziehung lebt, schwerer verwirklichen, als wenn man ausgeruht und optimistisch in den Tag geht.

Sie müssen also ständig an Ihrer Zeiteinteilung und Ihrem Lebensrhythmus arbeiten und darüber wachen, daß die Prioritäten richtig gesetzt sind und bleiben.

Achten Sie vor allem darauf, daß der freundschaftliche Aspekt Ihrer Beziehung erhalten bleibt, daß Sie miteinander Spaß haben und genügend Zeit zur Kommunikation finden. Das ist überlebensnotwendig! Paare, die diesen Grundsatz nicht berücksichtigen wollen, brauchen sich nicht zu wundern, wenn sich schrittweise eine Entfremdung einschleicht und damit eine Versuchbarkeit, dem Ehepartner nicht mehr den Platz einzuräumen, der ihm zusteht.

Die Ergebnisse einer Umfrage unter jungen geschiedenen Frauen, die Mann und Kinder sitzen ließen, um ein neues Leben zu beginnen, haben mich hellhörig gemacht. Diese Frauen wurden nach den Hauptgründen ihrer folgenschweren Entscheidung gefragt. Wie, meinen Sie, lauteten ihre Antworten?

„Mit meinem Mann war aber auch nichts mehr anzufangen. Ich habe ihn nicht aus dem Fernsehsessel bekommen."

„Ich kann mit meinem Mann nicht reden. Wir haben uns nichts mehr zu sagen."

Geben Ihnen diese Antworten nicht zu denken?

Genau darin sehe ich sich anbahnende Probleme in noch

funktionierenden Ehen: Mangel an gemeinsamen Unternehmungen und Kommunikationsprobleme! Wenn diese Gefahren doch nur rechtzeitig erkannt und bekämpft würden!

Machen Sie jetzt bitte einmal Pause beim Lesen und überlegen Sie, wo die Gemeinsamkeiten mit Ihrem Ehepartner liegen.

Was fällt Ihnen ein?

Gibt es Dinge, die Sie zur Aufrechterhaltung Ihrer Freundschaft gemeinsam unternehmen? Vielleicht im musischen oder im sportlichen, kulturellen oder künstlerischen Bereich? Die Menschen sind so unterschiedlich; aber es muß doch etwas geben, was Sie beide gern zusammen anstellen würden! Wenn solche Unternehmungen in Vergessenheit geraten sein sollten, fangen Sie wieder neu damit an!

Auf Eheseminaren gebe ich den Besuchern die Regel mit auf den Weg: Mindestens an einem Abend in der Woche sollte ein Ehepaar etwas für sich allein unternehmen, ohne Verantwortung für die Kinder tragen zu müssen. Einfach Tapetenwechsel und etwas zusammen anstellen!

Ebenso müssen Sie auf die Vertiefung Ihrer Kommunikation achten. Ein gemeinsam verbrachter Abend in entspannter Atmosphäre ist schon eine großartige Voraussetzung, um miteinander im Gespräch zu bleiben. Aber auch hier sollten Sie feste Ziele haben: keinen Tag ohne Gedankenaustausch und ohne gemeinsames Gebet! Planen Sie irgendwo zwanzig Minuten pro Tag ein, um sich alles von der Seele reden zu können.

Vielleicht sollten Sie noch einmal das Interview mit dem Ehepaar Meili-Bühler lesen. Deren Empfehlungen zur Kommunikation sollten Sie in Ihrer Ehe beherzigen. Beginnen Sie damit, sich über die Ereignisse des Tages auszutauschen, und setzen Sie sich das Ziel, einander aufrichtig mitzuteilen, wie es in Ihnen aussieht.

Wenn es Ihnen gelingt, jeden Tag bereinigt abzuschließen, schaffen Sie eine der sichersten Voraussetzungen dafür, Harmonie und Wertschätzung bis ins hohe Alter aufrechtzuerhalten. Das Ehepaar Grabs faßte nach seinem Neuanfang den Vorsatz, die Sonne niemals über Zorn und Ärger untergehen zu lassen. Diesen Ratschlag finden Sie im Neuen Testament in Epheser 4,27-28: „Die Sonne gehe nicht unter über eurem Zorn, und gebt dem Teufel keinen Raum."

Der Begriff „Zorn" darf sicherlich durch andere Ausdrücke ersetzt werden: Unversöhnlichkeit, Überempfindlichkeit, Lüge, Diebstahl, Unhöflichkeit u.a.

Können da wirklich Zusammenhänge bestehen? Ein Ehepaar geht unversöhnt und bitterböse schlafen. In ihrem breiten Ehebett schlafen sie mit eineinhalb Meter Abstand, jeder auf der Bettkante jonglierend, grollend ein, und „der Teufel gewinnt Raum in ihnen"?

Ja, so ist es! Er wird in ihren aufgewühlten Herzen wüten. Verletzte Gefühle können sich zu Neurosen und bittere Gedanken zu Haß steigern.

Lassen Sie das niemals zu! Schließen Sie jeden Tag bereinigt und versöhnt ab. Etwas Besseres können Sie Ihrer Ehe kaum antun!

Kinder nehmen Eltern sehr in Anspruch. Darüber können Claudia und ich mit unserer großen Zahl an Zöglingen ein Lied singen. Manche machen es sich gar nicht bewußt, wieviel Zeit die Umsorgung eines Säuglings und eines Kleinkindes kostet, und wieviel Nervenkraft bei der Begleitung von Teenagern auf dem Weg in ihre Eigenständigkeit beansprucht wird. Kinder sind etwas Großartiges, aber sie zehren auch an den eigenen Kräften.

Vielleicht haben Sie es gar nicht beabsichtigt, aber plötzlich merken Sie, daß sich zuviel, ja vielleicht alles, um die Kinder dreht. Die Sorge um die Kleinen droht Sie aufzufressen und beeinträchtigt die Beziehung zu Ihrem Ehepartner. Bekommt ein Paar diese Herausforderung nicht in den Griff, kann es zum Schluß aussehen wie bei Familie Friedrichs oder Petri: die Kinder müssen als Kitt herhalten, damit die Ehe nicht völlig auseinanderbricht. Das Leben der Kinder ist fast der einzige Gesprächsstoff, die Beschäftigung mit ihnen eine

Flucht vor der ehelichen Zweisamkeit. Oder die Sprößlinge werden so sehr umsorgt, daß sich der eigene Mann entthront fühlt, wie es bei Familie Hübner der Fall war.

Man ist geneigt, Eltern, die sich so für ihre Kinder aufopfern, zu bewundern. Geben sie nicht das Beste für ihre Kinder?

Nein, im Gegenteil!

Einer der größten Werte, die Sie Ihren Kindern mitgeben können, ist eine harmonische, von Wertschätzung getragene Ehe. Kinder müssen spüren, daß ihre Eltern sich schätzen und liebhaben. Aber dazu gehört auch eine Zeit zu zweit, ohne Kinder. Übertrieben kindzentrierte Familien, wie die oben geschilderten, schaden eher, als daß sie ein heranwachsendes Kind zu der gesunden Entwicklung einer eigenständigen Persönlichkeit anleiten.

Stellen Sie einmal folgende Überlegung an: Wie lange werden Ihre Kinder im Haus sein, und wie lange werden Sie, so Gott will, miteinander verheiratet sein?

Na, sagen wir mal: runde zwanzig Jahre für die Kinder und runde fünfzig Jahre für Ihre Ehe!

Also. Machen Sie sich deshalb Gedanken über die richtigen Prioritäten, und räumen Sie genügend Zeit, Liebe und Einfallsreichtum für Ihre Zweisamkeit ein.

Als wir nach unserer stürmischen Familiengründung vor 16 Jahren – in einem guten Jahr hatten wir sechs kleine Geschöpfe in unserer Obhut – spürten, wie unsere junge Ehe bedrohlich belastet wurde, war mir klar, daß wichtige Weichen gestellt werden mußten.

„Claudia“, sagte ich zu meiner Frau, „die Kinder werden und müssen einmal selbständig werden und uns verlassen, aber wir beide wollen miteinander glücklich alt werden. Laß uns nicht die Fehler anderer wiederholen, sondern von vornherein unsere Zweierbeziehung genügend pflegen!“

Und so haben wir es gehalten. Das hat uns und den Kindern gutgetan.

Kommen mal schwere Zeiten, zum Beispiel, daß ein Teenager sich absolut querstellt, nehmen wir uns tröstend in die Arme: „Nur gut, daß wir beide uns wenigstens verstehen. Solange wir uns nicht in die Haare geraten, werden wir es schon packen. Noch ein paar Jahre, und er oder sie wird das Leben eigenverantwortlich führen müssen ... Zur Zeit können wir nur beten und unsere Gesprächsbereitschaft zeigen. Ein Glück, daß wir uns so liebhaben!"

Diese Haltung hilft Eltern, jugendliche Kinder freizusetzen und ihnen die Eigenverantwortung für ihre Lebensgestaltung vor Augen zu malen, und erinnert Ehepaare, den freundschaftlichen Aspekt ihrer Ehe nicht zu vernachlässigen.

Das romantische Feuer am Brennen halten

Das ist um so wichtiger, je länger Sie verheiratet sind. Wenn es eine dringende Botschaft an Ehepaare unserer Zeit gibt, dann diese: Lassen Sie das Feuer der romantischen Liebe niemals verlöschen!

Aber wie kann das inmitten der Hektik des Alltags bewerkstelligt werden?

„Berufssorgen, Ärger in der Gemeinde, unmögliche Kollegen und Nachbarn, verärgerte Lehrer, verpatzte Schularbeiten – wie soll ich da noch romantisch bleiben?"

Es stimmt: romantische Gefühle kann man nicht auf Kommando erzeugen; aber – und das ist wichtig – Sie können etwas unternehmen, um sie wieder zu entfachen und brennend zu erhalten. Es ist eine Kunst, die erlernt werden muß.

In meinem Buch „Ehe und Familie in der Zerreißprobe" (Verlag Schulte + Gerth) habe ich einige Gedanken darüber geäußert, wie Romantik in einer Ehe erhalten bleiben kann. Diese Ratschläge gelten heute noch genauso wie damals, darum möchte ich sie hier wiederholen.

Zunächst einmal müssen Sie sich eingestehen, daß Mann und Frau – je nach Typ – durchaus unterschiedliche romantische Bedürfnisse haben können. Frauen legen in der Regel mehr Wert auf Atmosphäre als Männer. Das kann zu Spannungen führen. Es soll Männer geben, die eine Ehe wie eine Geschäftsbeziehung ansehen: Hauptsache, das Essen steht auf dem Tisch und die Wäsche ist gebügelt. Eine Frau aber wird unter diesen Umständen verrückt; sie braucht die Romantik, muß sich geliebt und umworben wissen.

Geben Sie als Frau niemals auf, Ihre Gedanken, Gefühle und Wünsche immer wieder „an den Mann“ zu bringen. Aber nicht mit Nörgelei und Vorwürfen, sondern mit Ihrem gottgegebenen Einfühlungsvermögen und mit Charme. Damit können bekanntlich die härtesten Nüsse geknackt werden.

Und Sie als Ehemann: Halten Sie sich stets den fundamentalen Unterschied zwischen Mann und Frau vor Augen, und springen Sie auch einmal über Ihren Schatten. Der mitgebrachte Blumenstrauß wird Ihre Frau vielleicht zunächst erschrecken, weil sie es nicht gewohnt ist, Geschenke „außer der Reihe“ zu bekommen. (Vielleicht fragt sie sogar skeptisch, was Sie wohl gutzumachen hätten.) Aber mit der Zeit wird sie über solche Kavaliersgesten glücklich sein.

Ed Wheat nennt in seinem Buch „Liebe ist Leben“ (Verlag Schulte + Gerth) zwei Voraussetzungen, damit das Feuer der romantischen Liebe nicht verlischt: „Wir können die Voraussetzungen zum Erlernen dieser Liebe auf zwei Arten herstellen. Erstens dadurch, daß Sie Ihr gottgeschaffenes, kreatives Denkpotential einsetzen, und zweitens, indem Sie Ihrem Partner die richtige, emotionale Atmosphäre anbieten.“

Richtiges Denken und Handeln wird als Resultat die entsprechenden Gefühle hervorbringen!

Achten Sie deshalb auf Ihr Denken. Fassen Sie, während Sie diese Zeilen lesen, erneut den Entschluß, sich Ihrem Ehepartner hundertprozentig hinzugeben und ihm „anzuhangen“. Vergeben Sie ihm, und treffen Sie die Willensentscheidung, ihm treu zu sein. Lassen Sie Ihre Gedanken niemals von diesem Vorsatz abirren!

Ein Problem unserer Zeit ist, daß Paare zu schnell dazu tendieren, Konfliktlösungen auszuweichen. Durch die Reform des Ehescheidungsgesetzes wird es einem zerstrittenen Paar verführerisch leicht gemacht, auseinanderzugehen, ohne überhaupt nach Schuld zu fragen.

Immer mehr Paare treten erst gar nicht vor den Standesbeamten bzw. den Traualtar, um sich nicht festzulegen und bei auftretenden Konflikten problemlos den Rückzug antreten zu können.

Friedemann Grabs stand mit seiner Haltung, sich nicht festlegen zu wollen, stellvertretend für viele. Und selbst als er zu einer anderen Frau zog, mußte er sich eingestehen, „das gleiche in Grün" getroffen zu haben. Es ist eine Illusion zu meinen, Unverbindlichkeit oder Davonlaufen führe zu einer Lösung von Persönlichkeitsproblemen.

Weil sie ihre persönliche Schuld erkannten und einander aufrichtig um Vergebung baten, haben es Ehepaare wie Hübner und Friedrichs, deren Beziehungen total im Keller waren, geschafft, wieder zu einer aufrichtigen Wertschätzung und Liebe zu finden.

Lassen Sie bei sich anbahnenden Ehekonflikten niemals den Gedanken zu: „Wenn wir nicht klarkommen, laß ich mich halt scheiden!" Wir alle, die wir vor dem Traualtar versprochen haben, einander die Treue zu halten, haben „lebenslänglich". „Ich will dir treu sein, in guten und in schweren Tagen, bis der Tod uns scheidet!" haben Sie versprochen. Bleiben Sie dabei!

Noch eins, wenn wir schon über Konflikte sprechen: Probleme hinunterzuschlucken oder ungelöst im Raum stehen zu lassen, wirkt auf die Dauer tödlich. Denken Sie an Jutta Friedrichs!

Wenn Sie es nicht schaffen, ein Eheproblem innerhalb einer Woche zu lösen oder zumindest offen durchzusprechen, suchen Sie gemeinsam ein Ehepaar Ihres Vertrauens auf, und bringen Sie den Konflikt unter vier Augen auf den Tisch und beten Sie darüber. Eheprobleme über Monate oder sogar

Jahre unausgesprochen mit sich herumzuschleppen, zerstört eine Beziehung.

Ich weiß, dies ist ein gewaltiger Vorsatz. Aber er ist genauso wichtig und wirksam wie der, „die Sonne niemals über seinem Zorn untergehen zu lassen", oder einmal in der Woche einen kernigen Eheabend zu haben. Diese Vorsätze erhalten eine Beziehung frisch und lebendig.

Zum „richtigen Denken" gehört auch ein konstruktiver Einsatz der Phantasie. Wann immer Sie wollen, können Sie sich die tollsten Szenen vor Augen malen. Soll ich Sie einmal testen?

Stellen Sie sich einen überraschenden Blitzurlaub mit Ihrem Schatz, na, sagen wir, am Mittelmeer vor. Der Wind rauscht durch die Wellen und die Palmen. Ein würziger Salzgeruch, vermischt mit dem süßlichen Duft von Blüten, betört Ihre Sinne. Und Sie beide liegen ganz allein im warmen Sand ...

Na, ist es mir gelungen? Ist Ihre romantische Ader nicht wenigstens etwas in Wallung geraten?

Fassen Sie positive, zärtliche Gedanken Ihrem Ehepartner gegenüber. Bei allem, was Sie tun, halten Sie sich ihn vor Augen. Beten Sie für ihn, segnen Sie ihn. Freuen Sie sich auf das Nachhausekommen. Malen Sie sich die angenehmen Begebenheiten aus der Vergangenheit vor Augen, schwelgen Sie in den Erinnerungen, und freuen Sie sich auf die gemeinsame Zukunft. Sie werden sehen, allmählich werden Sie in eine ganz andere Gefühlslage versetzt.

Ich hörte von einer Frau, die ein „Buch der Erinnerungen" führt. Seitdem sie ihren Mann kennt, trägt sie dort alle persönlichen Erfahrungen und Erlebnisse ihrer Ehe ein. Und es ist ihr Buch. Keiner hat darin herumzuschnüffeln, deswegen ist auch ein dickes Schloß daran. Diese Erinnerungen hält sie sich lebendig vor Augen, und bei besonders schönen Anlässen liest sie ihrem Mann daraus vor.

Ich meine, diese Frau hat begriffen, wie man gute Erinnerungen wachhält und seine Phantasie zum Positiven nutzt.

Als nächstes: untermauern Sie Ihr Denken mit dem richtigen Verhalten. Sorgen Sie für eine romantische Atmosphäre. Schon Kleinigkeiten können dazu beitragen. Zum Beispiel die Art, wie die Begrüßung ausfällt, wenn einer von der Arbeit nach Hause kommt: die Herzlichkeit des Kusses, die Innigkeit der Umarmung, der Augenkontakt, die aufrichtige Frage, wie der Tag verlaufen ist.

Vergessen Sie nicht, daß Erotik beziehungsweise Romantik recht stark von visuellen Eindrücken abhängig ist. Also, die Schürze abbinden, wenn Ihr Mann nach Hause kommt! Machen Sie sich schick für ihn. Überlegen Sie, wie Sie ihm eine „Augenweide" sein können. Und Sie als Ehemann sollten sich ruhig einmal umziehen, wenn Sie mit der Gartenarbeit fertig sind. Ihre Frau mag es, wenn Sie sich zu Hause auch mal „rausputzen", nicht nur für den Gottesdienst oder für die Geschäftsreisen.

Schaffen Sie eine romantische Atmosphäre beim Essen. Richten Sie Ihr Schlafzimmer wie ein Liebesnest ein. Es gibt so viele Dinge, die eine romantische Atmosphäre begünstigen. Im Laufe der Ehejahre kann vielleicht einiges in Vergessenheit geraten sein.

Insbesondere darf eine Frau in diesem Bereich ihre Fähigkeiten entdecken und einsetzen. In der Persönlichkeit der Frau liegt sehr viel schöpferische Kreativität, die manchmal gar nicht richtig zur Entfaltung kommen kann. Das muß der Mann anerkennen und dankbar zu würdigen wissen.

Vor einiger Zeit montierte Claudia ein hübsches Papierblumenarrangement an der Decke unseres Schlafzimmers, direkt über unserem Bett. Und ich Trottel brauchte Tage, bis ich es endlich entdeckte!

„Na? Hast du noch nichts entdeckt?" zirpte sie.

„Ich? Nöö. Was meinst du denn?"

„Da. Guck doch! Die Blumen an der Decke. Drei Tage hängen sie schon!" triumphierte sie über meine Nachlässigkeit.

Ich vergrub den Kopf in meinen Händen, bat auf den

Knien um Vergebung und passe seit jenem Tag auf wie ein Luchs, ob sich nicht irgendwo wieder etwas verändert hat.

Noch einmal: romantische Liebe ist nichts Selbstverständliches. Entweder sie wächst oder sie stirbt. Schüren Sie immer wieder das romantische Feuer. Dann können Sie tatsächlich dauerhaft in Ihren Ehepartner verliebt sein.

Romantische Liebe erleichtert eheliche Treue und macht sie immun gegen Verlockungen und Anfechtungen!

Erfüllende Sexualität in der eigenen Ehe

Ich erwähnte schon: Unzufriedenheit, Anfechtungen und sogar Untreue in sexueller Hinsicht sind gegenwärtig ein Riesenproblem unter Ehepaaren.

Das ist einerseits verständlich, denn das lockere, gesellschaftliche Denken über alles, was mit Sexualität zu tun hat, macht es einem Paar nicht leicht, miteinander zufrieden zu sein. Andererseits bedeutet dies, daß ein Ehepaar ständig an der Vertiefung seiner sexuellen Beziehung arbeiten muß, um dem Partner nicht Anlaß zu einer Versuchung zu geben. Wie sieht es in sexueller Hinsicht in manchen Ehen aus?

Vielleicht ist es nicht mehr so aufregend wie in der Zeit des Kennenlernens, oder es klappt nicht so, wie man es sich vorgestellt hat ...

Unzufriedenheit auf der einen Seite, Enttäuschung auf der anderen. Vorwürfe stehen ausgesprochen oder unausgesprochen im Raum – all das macht das Zusammenkommen und die sexuelle Erfüllung nicht leichter. Schließlich läuft das Thema Sexualität in solch einer Ehe auf Sparflamme oder wird sogar ganz aufgegeben.

Das ist aber keine Lösung!

Bitte denken Sie an die vorhin genannte Beobachtung: „Je größer die Frustration – die Enttäuschung bzw. die Sehnsucht – in einem der genannten Bereiche, um so lauter locken die verführerischen Stimmen.

Dann sind da Ehemänner, aufgewühlt durch vielfältige

erotische Reize und frustriert von der ablehnenden Haltung ihrer Frauen, die, selbst wenn sie bewußt keine außerehelichen Abenteuer suchen, äußerst gefährdet sind durch unreine Phantasien oder sogar durch die Verführung anderer Frauen.

Andererseits gibt es Ehefrauen, die, enttäuscht von der so wenig einfühlsamen Art ihres Mannes, sich selbst beweisen müssen, daß sie nicht frigide sind und doch auf Männer wirken können ...

Aber so geht es nicht!

Die sexuelle Verführung zur Untreue ist bei dem heutigen gesellschaftlichen Leben ungeheuer groß. Gerade deshalb muß ein Ehepaar sich vornehmen, ständig an der Vertiefung seiner sexuellen Beziehung zu arbeiten.

Erfüllende Sexualität in einer Ehe ergibt sich nicht einfach von selbst: Zeit, Energie, Einfühlungsvermögen und Einfallsreichtum gehören dazu.

Befolgen Sie die in diesem Kapitel aufgezeigte Strategie, sind Sie schon auf dem richtigen Weg, denn Zeit füreinander haben, Romantik und Wertschätzung sind unerläßliche Voraussetzungen für eine erfüllende Sexualität.

Das reicht allerdings noch nicht. Gerade wegen der Überflutung mit sexuellen Reizen gehören eine gesunde und reine Einstellung zur Sexualität sowie ein solides Wissen über die Unterschiedlichkeit zwischen Mann und Frau auf der Grundlage des Wortes Gottes dazu.

Nun ist hier nicht der Ort, um ausführlich auf Fragen der Sexualität in der Ehe einzugehen. Ich verweise in diesem Zusammenhang gern auf das Buch von Tim und Beverly LaHaye *„Wie schön ist es mit dir – das Intimleben in der Ehe“* (Verlag Schulte + Gerth), aber einige grundlegende Gedanken möchte ich doch umreißen.

Geht ein Mann von Illustrierten, Filmen und Schlagern aus, dann scheint eine Frau rund um die Uhr nur lüstern darauf zu warten, ihm und sich selbst höchste sexuelle Genüsse zu bereiten. Umgekehrt geht an den Mann die Forderung:

„Mach's ja ordentlich! Wenn ich keinen Orgasmus bekomme, bist du ein Schlaffi!"

Es muß einen doch überraschen, daß trotz – oder gerade wegen – größerer sexueller Offenheit und Freizügigkeit Impotenz bei Männern und Gefühlskälte bei Frauen zugenommen haben sollen.

Werden vielleicht doch ungerechtfertigte Ansprüche gestellt?

Es ist nicht leicht, als Mann bzw. Frau zu einer gesunden und reinen Einstellung zu finden. Nur gut, daß uns die Bibel bei der Suche nach dem rechten Maßstab nicht im Stich läßt.

Das Wort Gottes ist in keiner Weise prüde oder sexfeindlich. In einer verblüffend natürlichen und offenen Sprache spricht es über Sexualität. Allerdings finden wir in der Bibel eine kompromißlose Zuordnung der Sexualität in den legitimierten Ehebund – alles andere verurteilt sie als *Ehebruch* beziehungsweise *Unzucht*.

Das aber paßt unseren Zeitgenossen nicht. Deswegen behaupten sie, der Gott der Bibel sei leibfeindlich und gönne dem Menschen keinerlei Freude an der Sexualität.

Dieses Urteil ist unsinnig. Was den Schutzbereich der Ehe betrifft, hat Gott für eine erfüllende sexuelle Beziehung Segen, Zuspruch und Hilfe verheißen. Das sollte Ihnen zu einer natürlichen und freien Haltung verhelfen.

Lesen Sie nur einmal das *Hohelied der Liebe* des Königs Salomo im Alten Testament oder das Buch der Sprüche, zum Beispiel Kapitel 5,18-19: „Dein Born sei gesegnet, und freue dich des Weibes deiner Jugend! Die liebliche Hindin, die anmutige Gemse – möge dich ihr Busen allezeit ergötzen, mögest du dich an ihrer Liebe stets berauschen!"

Kein Zweifel: Unser Schöpfergott gönnt und wünscht jedem Ehepaar große Freude und tiefe gegenseitige Befriedigung im geschlechtlichen Zusammenleben.

So, wie der gesamte christliche Lebensstil in Philipper 2,3 umschrieben ist, nämlich: „In Demut achte einer den anderen höher als sich selbst!", so auch das Intimleben eines christlichen Ehepaares. In aufrichtiger Liebe und Fürsorge soll jeder bemüht sein, das Verlangen des anderen zu erfüllen.

Die gleiche Haltung umreißt der Apostel Paulus in 1. Korinther 7,3-5. Er betont, daß weder der Mann noch die Frau über ihren eigenen Körper verfügen, sondern einer für den anderen da sein soll. Er weist auch darauf hin, daß ein Ehepaar auf regelmäßige, sexuelle Beziehungen achten sollte, damit sie nicht durch Nachlässigkeit in Versuchung fallen.

Dies sind nüchterne und klare biblische Gebote. Gut, wenn Menschen sich daran halten. Jedes Paar muß ermutigt werden, offen und frei über die jeweilige Erwartungshaltung zu sprechen und so zu seinem eigenen Stil zu finden, mit dem dann beide zufrieden sein können.

Je stärker ein Paar – unbeeinflußt von Medien – auf seine eigene Kreativität bauen kann, um so besser. Ein christliches Intimleben ist getragen von einer grundlegenden Haltung der Achtung und des Respekts vor dem anderen. Die Devise lautet: „Was ist am schönsten für dich? Ich möchte dir Freude bereiten, und du sollst dich an mir erfreuen. Nicht ich will auf meine Kosten kommen, sondern du sollst es!"

Wenn Sie als Ehepaar dieses Ziel haben, dann haben Sie den richtigen Maßstab erkannt und werden sich auch vor Langeweile oder Überforderung bewahren können.

Zur Unterschiedlichkeit von Mann und Frau möchte ich sagen:

Wenn es einen Bereich gibt, in dem Mann und Frau garantiert unterschiedlich empfinden und reagieren, dann im Bereich der Geschlechtlichkeit. Wer sich diese Unterschiede nicht vor Augen hält, wird schnell Disharmonien heraufbeschwören.

Lassen Sie mich eine geläufige Bettszene umreißen: Ein Ehepaar geht schlafen. Er hätte gern noch ein wenig Schummerlicht an und seine Frau nicht gleich im dicken Schlafanzug, sondern in reizvoller Unterwäsche bewundert. Sie dagegen hätte lieber das Licht aus, sich bei ihm eingekuschelt und abgewartet, was sich noch ergibt ...

Er ist enttäuscht, daß sie gleich das Licht gelöscht haben will, und sie empfindet es als aufdringlich, wie er zielstrebig „zur Sache" kommen will. Dieses Paar hat sich vielleicht noch nie Gedanken über seine Verschiedenartigkeit gemacht und sich niemals über die unterschiedlichen Wünsche unterhalten.

Zur Kunst der Liebe gehört, daß einer vom anderen weiß, was er mag, und auf ihn einzugehen versteht.

Der grundlegendste Unterschied zwischen Mann und Frau in sexueller Hinsicht ist wohl folgendermaßen am treffendsten umrissen: der Mann kann schnell erregt sein, eine Frau braucht in der Regel ihre Zeit und die entsprechende Atmosphäre. Das liegt daran, daß die Erregung bei einem Mann hauptsächlich durch visuelle Reize ausgelöst wird – deren es viele gibt – und bei einer Frau mehr über Romantik und Zärtlichkeit.

Eine Frau tendiert auch dazu, ihrem Mann so zu begegnen, wie sie es gern hätte, nämlich mit viel Romantik und Zärtlichkeit, ein Mann dagegen so, wie er es sich wünscht, direkter, mehr zur-Schau-stellend und auf das Ziel zustrebend.

Wer um diese Zusammenhänge weiß, kann lernen, besser auf den anderen einzugehen. Das junge Ehepaar Salomo und Sulamith im „Hohenlied der Liebe" gibt ein gutes Beispiel. Salomo nehmen Sie sicherlich ab, daß er ein ganzer Mann und ein Kriegsheld war, und trotzdem war er ein Romantiker. Der Umgang mit seiner jungen Frau ist bewundernswert. Er verstand es, sich in ihre Situation und Wünsche einzufühlen. So schmückte er die Brautkammer des Schlosses in Jerusalem mit Zedern aus dem Libanon, um ihr das Heimweh zu nehmen. Auf solch eine Idee muß ein Mann erst einmal kommen! Seine Komplimente und die Beschreibung ihrer Schönheit sind in die Weltliteratur eingegangen.

Aber auch Sulamith lernte nach einigen anfänglichen Anpassungsschwierigkeiten, ihren Salomo zu nehmen. So, wie es einem Mann gefällt, verstand sie es, ihre Reize vor ihm zur

Schau zu stellen, und tanzte, leicht bekleidet, exklusiv für ihn den Reigen von Mahanajim.

Die beschriebene Unterschiedlichkeit von Mann und Frau weist auch auf ihre jeweilige Versuchlichkeit hin. Eine Frau muß wissen, daß ein Mann im allgemeinen durch visuelle Reize stark versucht werden kann. Demnach wird eine verantwortungsvolle Frau darauf achten, daß sie durch ihre Kleidung und Gestik für andere Männer nicht zur Versuchung wird. Der Mann darf nicht vergessen, daß eine Frau stärker auf Umworbensein und Romantik anspricht. Deswegen wird er aufpassen, daß seine Höflichkeit und Vertrautheit einer Frau gegenüber nicht in Romantik und körperliche Nähe überschlägt.

Andererseits sollte das Wissen um die jeweilige Versuchlichkeit den Mann anleiten, seiner Frau so viel an Romantik, Umworbensein und Zärtlichkeit zu geben, daß sie auf den Wolken schwebt. Eine Frau sollte sich die visuelle Versuchlichkeit ihres Mannes sehr wohl bewußt machen und in ihrer ehelichen Privatsphäre darauf eingehen. Wenn es einen Mann gibt, dem sie mit aller Kunst ihrer weiblichen Reize den Kopf verdrehen darf, dann ihrem Ehemann. Das wird ihn davor bewahren, anderen Frauen nachzuschauen.

Vor einem möchte ich jedoch warnen: Wenn es einem Partner nicht gelingen oder dieser nicht bereit sein sollte, auf den anderen entsprechend einzugehen, ist dies kein Alibi für Vorhaltungen oder gar eheliche Untreue. Dann ist Disziplin und selbstlose Liebe gefragt, um den anderen „aufzutauen“ oder so zu akzeptieren, wie er ist.

Bei allen Menschen nimmt die rein körperliche Attraktivität mit zunehmendem Alter ab. Manch einer will das nicht akzeptieren und einen von vornherein zum Scheitern verurteilten Wettlauf mit der Zeit aufnehmen.

Auch wenn sie viel für ihr Äußeres tut, hat eine vierzigjährige Frau einfach nicht mehr die Figur einer zwanzigjährigen. Damit muß sie sich – wie auch ihr Mann – abfinden. Und auch ein alternder Mann – selbst wenn er sich wie ein

Casanova gibt – wird mit seiner anbahnenden Glatze und dem nicht zu verbergenden Bäuchlein spüren, daß er beim weiblichen Geschlecht nicht mehr so ankommt wie früher. Das gesellschaftliche Umfeld macht es beiden nicht leicht: sie steht in dem Wahn, nur geliebt und begehrt zu sein, wenn sie jung und attraktiv aussieht, und ihm werden ständig bis ins hohe Alter junge, knackige Püppchen vor Augen gemalt.

Ich empfand es wohltuend, wie Elke Houben ihre Empfindungen ehrlich und treffend formulierte. Sie stand nämlich in dem Wahn, immer top und attraktiv auftreten und die Konkurrenz mit jüngeren Frauen aufnehmen zu müssen. Bis ihr aufging, daß Liebe nicht nur vom Äußeren ausgehen kann, sondern es mit Gottes Hilfe möglich sein muß, den anderen so zu akzeptieren, wie er ist. Auch sein Älterwerden.

Sexualität wird mit zunehmenden Ehejahren ruhiger, inniger und zärtlicher werden. Das Ungestüme darf zurücktreten und die Geborgenheit gebende, innige Zärtlichkeit überwiegen.

Beide müssen ihr Älterwerden akzeptieren. Er muß, wie Hiob, einen Bund mit seinen Augen schließen und sich für den Weg der Reinheit entscheiden: „Einen Bund habe ich mit meinen Augen geschlossen. Wie hätte ich da auf eine Jungfrau lüstern blicken sollen?“ (Hiob 31,1).

Sie muß lernen, daß persönliche Ausstrahlung noch wichtiger ist als körperliche Attraktivität. In dem Maß, wie die körperliche Attraktivität abnimmt, muß die seelische zunehmen. Eine Frau, die ein glückliches und erfülltes Leben führt, wird immer anziehend sein, egal, wie alt sie ist. In dieser Haltung muß ihr Mann sie selbstverständlich durch eine Wertschätzung unterstützen, die sich nicht nur am Äußeren orientiert – so wie der Ehemann in Sprüche 31,29 es verstand, seine altgewordene Frau zu ermutigen: „Viele Töchter haben sich als tüchtig erwiesen, du aber übertriffst sie alle.“

Mit anderen Worten: „Zugegeben, ich begegne tüchtigen und attraktiven jüngeren Frauen. Aber du bist und bleibst nach wie vor die beste.“

Gehen wir davon aus, daß eine Beziehung zwischen Mann und Frau von Dauer sein soll, und berücksichtigen wir die Tatsache des Alterns, dann ist ganz klar, daß Sexualität – so schön und wichtig sie ist – nicht Zentrum einer Liebesbeziehung sein kann. Denn dann stünde, so wie Elke Houben es in ihrer Ehe befürchtet hat, ständig die Drohung im Raum: „Du bist nur so lange liebenswert, wie du dich hübsch und sexy halten kannst!"

Elke spürte, daß sie kaputtgehen würde, wenn sie sich der Konkurrenz der jungen Frauen stellte. „Ist es nicht möglich, einen Menschen so zu lieben, wie er ist? Ihn nicht fallen zu lassen, nur weil er krank wird oder ein paar Pfunde zunimmt?" fragte sie sich.

Eine Beziehung, die ausschließlich auf Sexualität aufgebaut ist, ist von vornherein zum Scheitern verurteilt, so berauschend auch der Anfang gewesen sein mag. Doch ein Ehepaar, das – aus welchem Grund auch immer – Sexualität auf Sparflamme setzt oder gar ausklammern will, ist nicht minder gefährdet.

Sexualität braucht eine gesunde Einordnung. Ehepartner, deren Beziehung getragen wird von gemeinsamen Aktivitäten, aufrichtiger Wertschätzung und Romantik, werden weniger Schwierigkeiten haben, der Sexualität den angemessenen Raum zuzuordnen als solche, deren Zusammenleben gekennzeichnet ist von Spannungen, Geringschätzung und Egoismus.

Das Wertgefühl des anderen achten und aufbauen

Ich habe in meinen Ausführungen häufig das Wort „Wertschätzung" gebraucht. Dieser Ausdruck gefällt mir. Er ist für jede eheliche Beziehung ungemein wichtig. An ihm mißt sich die Harmonie und Erfüllung in einer Ehe.

Das Wort läßt sich aufteilen in „Wert" und „schätzen".

Ehen, in denen es kriselt, haben meist ein geringes Niveau an gegenseitiger Wertschätzung. Das zeigt sich an der Art, wie einer über den anderen denkt, Zeit für ihn hat oder mit ihm spricht. Der „Wert“, der dem anderen zugemessen wird, ist nicht sehr hoch. Der Partner kommt beim „Abschätzen“ nicht gut weg.

Besonders wenn zu Beginn einer Ehe ungerechtfertigte Erwartungen gestellt wurden, einer dem anderen einen falschen „Wert“ zumaß, ihn oder sie zu hoch „einschätzte“, sinkt nach der Ernüchterung die Wertschätzung nahezu auf den Gefrierpunkt.

So war es bei den Ehepaaren Hübner, Draheim, Houben ... Ja, welches der aufgeführten Paare hatte nicht mit diesem Problem zu kämpfen? Wie suchten sie nun den Ausweg aus dieser Falle?

Selbstverwirklichung lautete ihre Antwort!

Peter verrammelte sich in seinem Arbeitszimmer und setzte alles auf berufliche Karriere, Hildegard versuchte in der Schriftstellerei und ihren mütterlichen Pflichten aufzugehen. Dieter blieb regelmäßig in der Kneipe hängen, und Ulla tröstete sich in ihrer Einsamkeit mit Alkohol. Friedemann suchte Erfüllung in der Politik und Anne in einer Frauengruppe.

Jeder stand auf seinem Podest und verurteilte den anderen oder ging in den eigenen Aktivitäten auf und zeigte dem Partner die kalte Schulter. Und damit versetzten sie ihrer kranken Ehe den Todesstoß.

Wenn es für eine zerrüttete Ehe noch eine Hoffnung gibt, dann nur, falls es den Partnern gelingt, die gegenseitige Wertschätzung wieder Schritt für Schritt aufzubauen. Ohne Wertschätzung geht jede Ehe zugrunde.

Bewahren Sie vor Ihrem Partner immer eine Haltung des Respekts, wie sie in der Zeit des Kennenlernens bestand. Können Sie sich noch daran erinnern?

Damals waren Sie doch immer pünktlich, wenn Sie sich verabredet hatten, oder? Vor Aufregung konnten Sie die Zeit gar nicht abwarten. Wie haben Sie gefiebert, wie Ihr Schatz wohl auf die kleine Überraschung reagieren würde, die Sie ihm mitgebracht hatten! Wie haben Sie sich unterhalten – stundenlang!

Bewahren Sie sich diese Aufmerksamkeit und Bewunderung! Suchen Sie immer wieder neue Möglichkeiten der Ermutigung für den Beruf, die Erziehung, den Haushalt. Vergessen Sie die kleinen Komplimente und Überraschungen nicht, die den manchmal mühevollen Alltag so erhellen können. Stellen Sie Ihre Verläßlichkeit immer wieder unter Beweis.

Üben Sie sich darin, die Grenze zur Respektlosigkeit nicht zu überschreiten. Und wenn es geschehen ist, fühlen Sie sich nicht zu gut, es wieder in Ordnung zu bringen und sich zu entschuldigen. Diese Grenzlinie wird allzu oft mißachtet: gegen alle Abmachungen unpünktlich nach Hause kommen, die versprochene Arbeit nach Wochen noch nicht erledigt haben, mit schlechter Laune reagieren ...

Geben Sie Ihrem Ehepartner durch bewußte Aufmerksamkeit zu verstehen: „Du bist mir nach wie vor sehr viel wert! Ich würde mit niemandem tauschen wollen!“

Ich versuche möglichst jeden Tag neu, meiner Claudia so zu begegnen, als wollte ich sie für ein Leben an meiner Seite gewinnen. Diese Einstellung hält unsere Beziehung frisch, voll Dankbarkeit und stets neuer Einfälle, und trägt dazu bei, den richtigen, zuvorkommenden Umgangston zu bewahren.

Betrachten Sie die Treue und Hingabe Ihres Ehepartners niemals als etwas Selbstverständliches, sondern bemühen Sie sich, Ihren „Schatz“ jeden Tag neu zu gewinnen.

Ratschläge allein reichen nicht aus

Gute Vorsätze scheitern häufig an den eigenen Unzulänglichkeiten. Wie oft haben Sie sich nicht schon vorgenommen, gewisse Untugenden abzulegen?

Naja, und dann waren nur ein paar Wochen vergangen, und sie saßen wieder fest im alten Verhaltensmuster.

„Ich kann nicht über meinen Schatten springen!" hat manch einer resignierend geseufzt. „Ich bin halt so!"

Eheliche Schwierigkeiten ziehen häufig seelische Verletzungen mit sich: Enttäuschungen, Vertrauensbruch, Demütigungen, Unversöhnlichkeit, Bitterkeit, Haß ... Ein Neuanfang scheint nahezu unmöglich! Auch wenn Ratschläge sinnvoll und hilfreich erscheinen, sie können nicht verwirklicht werden, weil man sich selbst im Wege steht.

Die Ehepaare dieses Buches steckten erbärmlich tief in der Tinte. Für manche gab es nach menschlichem Ermessen keinen Ausweg mehr. Und doch haben sie es geschafft.

Mit Bibel und Glauben hatten sie nichts zu tun gehabt. In ihrer Not sahen sie allerdings ein, daß sie Hilfe brauchten, und begannen, sich mit Gott zu befassen. (Muß ein Mensch immer erst so tief fallen, bevor er beginnt, über Gottes Hilfe nachzudenken?)

Friedemann las zweimal die Bibel durch mit der Absicht, seine politischen Gegner fertigzumachen, bis ihm das Licht aufging, daß er aus diesem Buch Hilfe für sein Leben bekommen könnte. Hildegard begann, offen und ehrlich nach der Wahrheit zu suchen und darüber zu schreiben. Dabei wurde sie sich ihrer eigenen Schuld und der Realität eines liebenden Gottes bewußt. Elke schrie aus tiefster Verzweiflung nach Gottes Hilfe, legte ihr Leben rückhaltlos in seine Hand und erfuhr die Nähe Jesu so überwältigend, daß sie trotz Haß und Erniedrigungen Zuversicht gewann. Dieter erlebte, wie Gottes Liebe in sein Herz ausgegossen wurde, so daß er trotz aller widrigen Umstände seiner Frau in Liebe begegnen konnte.

Sie alle machten die Erfahrung, die Menschen durch alle Jahrhunderte hindurch gemacht haben und die schon in den alttestamentlichen Psalmen besungen wird: „Mit meinem Gott kann ich über Mauern springen!" (Psalm 18,30).

Wenn wir uns Gottes Gegenwart bewußt sind, ist es möglich, Probleme, die sich wie eine unüberwindbare Mauer auftürmen, zu bewältigen.

Die leidenden Ehepartner waren zutiefst verletzt in ihrer Seele, und ihre Eheprobleme türmten sich vor ihnen auf wie eine riesige Mauer, die auf sie zu stürzen drohte. Ihr Weg aus der Krise läßt ein gemeinsames Muster erkennen, das auch Sie befolgen können, wenn Sie in ähnlichen Problemen stekken:

Sie sahen ihre persönliche Schuld und ihr Versagen ein. Zu einer Ehekrise gehören immer zwei. Niemals wird wohl einer allein hundertprozentig schuldig sein und der andere mit einer reinen Weste dastehen. Solange die Schuld allein beim anderen gesucht und das eigene Versagen und die eigene Hilfsbedürftigkeit nicht erkannt wird, werden sich die Probleme kaum lösen lassen.

Diese Wahrheit ist in der Bibel verankert: „Wer seine Missetaten verheimlichen will, dem wird es nicht gelingen, wer sie aber bekennt und läßt, der wird Barmherzigkeit erlangen" (Sprüche 28,13).

Möchten Sie, daß Ihre Ehe wieder heil wird?

Dann gestehen Sie Ihren Anteil an Schuld ein. Bekennen Sie ihn vor Gott und dem betreffenden Menschen. Legen Sie falsches Verhalten und Denken ab, dann werden Sie Barmherzigkeit erlangen.

Hildegard meinte, ihrem Mann nicht vergeben zu können. Sie war zu tief verletzt worden und deshalb so verbittert. Sie erwartete, daß ihr Mann zuerst um Entschuldigung bitten müßte. Gott aber wollte es anders: der Heilige Geist führte sie an ihre dunklen Stellen, zeigte ihr ihre Liebesunfähigkeit, ihren versteckten Groll, ihre Kritiksucht, ihre Selbstgerechtigkeit, ihr Selbstmitleid usw.

„Je mehr ich bereit war, meine Sünden einzugestehen, um so eher konnte ich vergeben und um so mehr erfuhr ich Heilung im seelischen Bereich", bezeugte sie später.

Ein vernachlässigter, gedemütigter und verletzter Mensch braucht nichts dringender als Ruhe und Frieden in seiner Seele. Manch einer ist bereit, sehr viel Geld auszugeben, um durch alle möglichen Praktiken ein wenig Ruhe für seine

Seele zu bekommen. Die Haerings versuchten ihre familiären Schwierigkeiten auf alle mögliche Weise in den Griff zu bekommen: Yoga, Zen-Buddhismus, Transzendentale Meditation, Anthroposophie – das alles experimentierten sie erfolglos durch. Schließlich fanden sie Frieden und Befreiung durch die persönliche Beziehung zu Jesus Christus. Sie sind zu ihm gegangen.

„Kommt her zu mir, alle ihr Mühseligen und Beladenen, und ich werde euch Ruhe geben. Nehmt auf euch mein Joch, und lernet von mir, denn ich bin sanftmütig und von Herzen demütig, und ihr werdet Ruhe finden für eure Seelen" (Matthäus 11,28-29).

Wenn ein Mensch zu Jesus kommt, von ihm lernt, mit ihm am gleichen Strang zieht, findet er Ruhe für seine Seele und hat im Kampf um den Ehepartner Gott auf seiner Seite.

Wie hatten es zum Beispiel Elke Houben oder Dieter Draheim gemacht? Sie beteten:

„Herr Jesus, vergib mir die Schuld, die ich auf mich geladen haben und gib mir einen neuen Anfang, ein neues Leben. Du sollst von jetzt an mein Herr und Erlöser sein. Dir allein will ich folgen."

Dieses Gebet können auch Sie sprechen als Anfang für eine persönliche Beziehung zu dem auferstandenen, lebendigen Jesus Christus.

Danach waren die betroffenen Personen bereit, ihr Leben vor Gott und Menschen in Ordnung zu bringen. Endlich fingen sie an, Sünde beim Namen zu nennen und ihre Maske abzulegen. Damit aber zog die Freiheit ein.

Noch etwas fällt bei diesen beiden besonders auf: eine brennende Liebe und Begeisterung für Jesus. Elkes Mutter war sogar der Meinung, ihre Tochter hätte einen neuen Freund. Wie kann man sonst so strahlen? Und wie recht hatte sie! Elkes neuer Freund war Jesus!

Solch eine Veränderung kann nur durch eine regelrechte Ausgießung der Liebe Gottes in das Herz eines Menschen geschehen.

„Denn die Liebe Gottes ist ausgegossen in unsere Herzen durch den Heiligen Geist, der uns gegeben worden ist" (Römer 5,5).

An Dieter Draheim konnten Sie diese Veränderung ebenfalls beobachten. Als er nicht mehr weiterkonnte, bot ihm Gott diese Liebe an. Weil Dieter gehorsam war, erlebte er, wie diese ausgegossene Liebe ihn befähigte, auch dann noch zu lieben, als er am Ende war und nichts Liebenswürdiges mehr vorfand.

Gerade wenn ein Mensch allein um seinen Ehepartner kämpfen muß und dieser ihm wenig Achtung und Liebe entgegenbringt, braucht er diese Liebe Gottes in seinem Herzen. Ist die göttliche „Agape-Liebe" in ein Herz ausgegossen, kann dieser Mensch auch dann noch lieben, wenn seine Liebe nicht erwidert wird. Denn diese Liebe ist nicht auf die Reaktion des anderen angewiesen, sondern lebt allein aus der persönlichen Beziehung zu Gott.

Ob Sie nun dieses Buch in die Hand genommen haben, um Tips zu bekommen, wie Sie Ihre Ehe weiterhin harmonisch gestalten können oder wie Sie Ihren gleichgültig gewordenen Ehepartner zurückgewinnen können – ich wünsche Ihnen jedenfalls, zusätzlich zu allen Ratschlägen, diese persönliche Beziehung zu Jesus und die Ausgießung der Liebe Gottes in Ihr Herz durch den Heiligen Geist. Wie Sie das erfahren können, haben Ihnen die Ehepaare dieses Buches glaubwürdig berichtet.

Zwölf goldene Regeln für eine gesunde Ehe

- Setzen Sie pro Woche mindestens einen Eheabend an, um Zeit für gemeinsame Unternehmungen und Entspannung zu haben.

- Verbringen Sie keinen Tag ohne Gedankenaustausch und gemeinsames Gebet. Planen Sie irgendwo zwanzig Minuten pro Tag ein, um sich alles von der Seele reden zu können.

- Vertiefen Sie Ihre Kommunikation: beginnen Sie mit dem täglichen Austausch über die Ereignisse des Tages und setzen Sie sich das Ziel, einander aufrichtig mitzuteilen, wie es in Ihnen aussieht.

- Fassen Sie den Vorsatz, jeden Tag bereinigt abzuschließen und die Sonne niemals über Ihrem Zorn und Ärger untergehen zu lassen (Epheser 4,27-28).

- Wenn Sie es nicht schaffen, ein Eheproblem innerhalb einer Woche zu lösen oder zumindest offen durchzusprechen, dann suchen sie gemeinsam ein Ehepaar Ihres Vertrauens auf, und bringen Sie den Konflikt unter vier Augen auf den Tisch und beten Sie darüber.

- Der Ehepartner ist noch wichtiger als die Kinder. Übertrieben kindzentrierte Familien schaden einem Heranwachsenden mehr, als sie ihm guttun. Einer der größten Werte, die Sie Ihren Kindern mitgeben können, ist eine harmonische, von Wertschätzung getragene Ehe.

- ▷ Lassen Sie das Feuer der romantischen Liebe nicht verlöschen. Achten Sie auf Ihr Denken und Handeln Ihrem Partner gegenüber, denn dies wird das Maß der Romantik bestimmen.

- ▷ Investieren Sie genügend Zeit, Energie, Einfühlungsvermögen und Einfallsreichtum in die sexuelle Beziehung Ihrer Ehe, denn: Zeit füreinander haben, Romantik und Wertschätzung sind unerläßliche Voraussetzungen für eine erfüllende Sexualität.

- ▷ Aufgrund der Überflutung mit unguten, sexuellen Reizen müssen sie ständig an einer gesunden und reinen Einstellung zur Sexualität sowie an einem soliden Wissen über die Unterschiedlichkeit von Mann und Frau auf der Grundlage des Wortes Gottes arbeiten.

- ▷ Bewahren Sie vor Ihrem Partner immer eine Haltung des Respekts und der Hochachtung – wie in der Zeit des Kennenlernens.

- ▷ Üben Sie sich darin, die Grenze zur Respektlosigkeit nicht zu überschreiten. Und wenn es geschehen ist, fühlen Sie sich nicht zu gut, dies wieder in Ordnung zu bringen und sich zu entschuldigen.

- ▷ Betrachten Sie die Treue und Hingabe Ihres Ehepartners niemals als Selbstverständlichkeit, sondern bemühen Sie sich, Ihren „Schatz" jeden Tag neu zu gewinnen.

Anschriften

Wer Rat sucht, tut dies normalerweise in einem Umfeld, das ihm vertraut ist. Ich habe deshalb eine Liste mit ganz unterschiedlich geprägten christlichen Werken zusammengestellt, die im Bereich der Ehe- und/oder Familienberatung tätig sind. Diese Liste hat jedes Werk bekommen, verbunden mit der Bitte, die Anschrift hier veröffentlichen zu dürfen, um ratsuchenden Lesern konkrete Schritte zu ermöglichen. Über die Resonanz haben ich mich sehr gefreut.

Hier die Anschriften:

Bildungsstätte Kirchroder Turm
Heimvolkshochschule

Hermann-Löns-Park 6/7
D-3000 Hannover 71
Tel. (05 11) 52 16 38

Bibellesebund e.V.

Industriestraße 2
D-5277 Marienheide-Rodt
Tel. (0 22 64) 70 45

Christliche Initiative Brennpunkt Erziehung
Seminare. Freizeiten und Schriften zu Ehe, Familie und Kindererziehung

Im Draum 16
D-4400 Münster-Sprakel

Das gute Land e.V.
Christl. Ehe- und Lebensberatung
– überkonfessionell –
Veranstaltungen von Eheseminaren, Seminaren zur Heilung der Persönlichkeit und Seelsorgeseminaren

Feldstraße 6
D-2830 Bassum-Bramstedt
Tel. (04241) 4330

Ehegruppen – Equipes Notre Dame

Feierabendweg 16
D-7500 Karlsruhe 21
Tel. (0721) 550532

ethos Seminare

Am Rosenberg
CH-9442 Berneck

Familien mit Christus

Waldeyerweg 22
D-4790 Paderborn

Family Life Mission e.V.
Gegründet von Walter und Ingrid Trobisch

Postfach 1965
D-7640 Kehl/Rhein

Geistliches Rüstzentrum Krelingen
– Pastor Dr. J. Cochlovius –

D-3030 Walsrode

Jugend mit einer Mission

Schloßgasse 1
D-8931 Hurlach
Tel. (0 82 48) 18 01

Katholisches Evangelisationszentrum Maihingen

Klosterhof 5
D-8861 Maihingen
Tel. (0 90 87) 2 15

Nehemia-Hof
Jesus-Bruderschaft Gnadenthal

D-6257 Hünfelden
Tel. (0 64 38) 81 - 0

Neues Leben – Neue Familien

Berliner Straße 16
D-5880 Lüdenscheid
Tel. (0 23 51) 8 16 86

Weißes Kreuz e.V.
Jährlich folgende Veranstaltungen:
- Ehe- und Familienseminare
- Seminare für Verliebte und Verlobte
- Schulungen für Beratungspraxis und Seelsorge

Postfach 31 40
D-3502 Vellmar-Kassel

Vom gleichen Autor sind im Verlag Schulte & Gerth erschienen:

Ehe und Familie in der Zerreißprobe
Der antichristliche Angriff auf die Ehe

Ohne zu übertreiben, kommt der Autor zu dem Schluß, daß Ehen und Familien in der Bundesrepublik in die Krise geraten sind. Allgemeine Kinderfeindlichkeit, Abtreibungsrekorde, die von der Allgemeinheit finanziert werden, ständig steigende Scheidungsraten, besorgniserregende Entwicklungen des staatlichen Erziehungssystems – dies sind unter anderem die Symptome einer gefährlich erkrankten Gesellschaft. Eberhard Mühlan weist nach, daß alles so kommen mußte. Ausgelöst wurde der erdrutschartige Wandel der Werte durch die Aufklärung, durch emanzipatorische Pädagogik, durch Ideologien, die den Ideologen, aber nicht den Menschen dienen. Vorhergesagt wurde dieser Wandel und seine schrecklichen Konsequenzen in den Endzeitprophezetien der Bibel.
Und in diesem Buch findet der Autor auch die Lösung! Nur die Hinwendung zu dem gnädigen und liebenden Gott wird die Flut des moralischen Verfalls wenigstens eindämmen können. Nur Menschen, die nach biblischen Werten leben, werden sich in einer schlimmer werdenden Zeit behaupten können.
Paperback, 176 Seiten, Bestell-Nr. 15 373

Kinder in der Zerreißprobe
Der anti-christliche Angriff auf die Familie

Freunde, Kindergarten, Schule, Zeitschriften, Kino und Fernsehen sind neben der Familie die wichtigsten Faktoren, die unsere Kinder und Jugendlichen prägen. Eberhard Mühlan untersucht die Einflüsse, die auf die nachfolgende Generation einstürmen. Und er weist nach, welch negative Denkweisen unserer Jugend offen oder versteckt nahegebracht werden. In einem eindringlichen Plädyoer fordert der Autor die Eltern auf, ihren Erziehungsauftrag mit ganzem Ernst wahrzunehmen und den folgenschweren Tendenzen staatlicher Erziehungspolitik entgegenzusteuern. Praktische Ratschläge, die an der Bibel orientiert sind, ergänzen die Analyse. Damit wird das Buch für Eltern, Erzieher, Seelsorger und Gemeindemitarbeiter zu einem wertvollen Ratgeber im Umgang mit Kindern und Jugendlichen.
Paperback, 224 Seiten, Bestell-Nr. 15 383